谨以此书

献给我的母亲

教育部人文社会科学重点研究基地重大项目：团体法秩序的法理逻辑
（项目号：2007JJD810158）

论我国农村承包地收回制度的权利逻辑

—— 一个所有权与用益物权关系的分析框架

The Logic of Rights Concerning the Resumption System
of Contracted Land in Rural China

王宇飞◎著

中国政法大学出版社

2014·北京

内容摘要 Abstract

　　当前我国正面临日益严峻的"三农"问题：农民群体高度分化，农村土地分配有失社会公平，人地矛盾进一步突出；农地资源被不当使用甚至破坏的现象屡见不鲜；从事农业生产所必需的农村公共品供给严重不足。农村承包地收回理论的探索与完善以及相关制度的创设与有效实施对于这些问题的解决具有至关重要的作用。然而，尽管农村承包地收回作为一项法律制度，已经事实地存在于我国农村土地法律秩序当中，但其立法表述——"承包地收回"乃对生活事实的直接白描，并非严谨的法律概念。由此，发包方"收回承包地"这一事实游离于法律思维的成就之外，其权利基础、发生要件、实现程序及法律后果，立法上欠缺明确的规定，学理上也未展开充分的讨论。本书针对我国农村承包地收回制度的法律意蕴、规范模式及运行机制展开系统的研究。

　　首先，以法律实证分析方法对我国现行的与农村承包地收回有关的法律文本进行系统整理，在提炼出承包地收回制度基本要素的基础上，指出我国承包地收回的现行法规范模式为"权力驱动型"。对承包地收回制度实际运行状况的现实考察表明："权力驱动型"规范模式下的承包地收回制度已经陷入"制度实施的内在驱动力严重不足"的困境，并且已造成大量失范现象。由此，应及时扭转指导观念上的偏差，使我国承包地收回制度实现由"权力驱动型"到"权利行使型"的规范模式转向。凭借私人权利的行使，而非公权力的发动，即以权利、义务、责任机制的运行推动秩序的生成，在承包地收回法律关系各方当事人之间形成"横向的权利互动"，而非"纵向的隶属强制"，使承包地收回制度成为由权利义务机制驱动的装置，推动其预期功能的发挥。

其次，在对传统民法理论中引起用益物权消灭的相关制度作逐一梳理的基础上，将"承包地收回"的法律意蕴诠释为"终止权的行使"，从而将承包地收回这一生活问题成功转化为法律问题，这为通过法律的逻辑处理承包地收回问题，构建"权利行使型"规范模式的承包地收回制度奠定了坚实的理论基础。从"终止权的性质属于形成权"这一基本认识出发，在对相关的形成权基本理论进行系统梳理、对其中几个基础性问题作深入探讨和清晰阐述的基础上，对终止权理论体系予以展开，其中主要包括：终止权的定义、终止权的主要特征、终止权理论的几个基本概念、终止权在形成权类型体系当中的定位。进而，将终止权在物权法上的基本属性界定为"作为依法律行为而发生物权变动之条件的对物权为法律上处分的处分权"，从而实现终止权与物权制度体系的对接。

最后，从"预期法律效果的达成、相关当事方的利益保护与平衡、运行机制的可执行性、大陆法系家族的公共选择"四个方面证成"承包地收回的法律结构只能演绎为土地承包经营权因土地所有人行使终止权而消灭"。

以上成果为进一步研究承包地收回的发生、实施及生效机制提供了理论基础和分析平台。首先，本书以终止权的取得作为承包地收回的发生机制。终止权的取得是指终止权与特定主体相结合的过程。按照由规范解读到制度构建的研究思路，运用类推适用、反面推论等方法，在探明现行法规范意旨的基础上，从解释论及立法论的层面，阐明"承包地收回应然的法定发生事由"，进而将有关承包地收回之发生事由的法律规则整合成一套结构清晰、逻辑统一、准确体现立法意图的规范体系，以终止权取得的实质要件和程序要件共同构成土地所有人取得终止权的条件。终止权取得的实质要件为"承包地收回之法定发生事由成就"。为规范发包方的行为、督促其履行法定职责、强化对承包方利益的保护，应将"发包方已经履行正当前置程序"设置为终止权取得的程序要件。之后，本书对"发包方在不同情形下取得终止权的时点"作出归纳和总结。

其次，以终止权的行使理论重构承包地收回的实施机制。具体的制度设计方案为：根据终止权行使的效果是否需要借助法院判决予以认定，将终止权分为单纯形成权性质的终止权和形成诉权性质的终止权，从而确立"通过作出单方意思表示"和"通过向法院提起形成之诉"两种终止权的行使方式。为防止终止权被滥用，充分保护终止权相对方（土地承包经营权人）的利益，维护土地承包经营权权利状态的明确及安定，应对终止权人（土地所有人）行使终止权之单方意思表示的内容、行使期间及行使方式作出严格限定；赋予土地承包经营权人向法院提起"异议之诉"的权利，并对提出异议的理由、期间及双方当事人的举证责任作出妥当安排。接下来，对土地所有人提起"土地承包经营权终止之诉"行为的性质、诉讼请求的内容、双方当事人的举证责任、法院审查的对象、法院判决的效力范围进行分析和界定。

最后，以终止权的实现理论构造承包地收回的生效机制。终止权的实现指终止权的行使发生了土地承包经营权消灭的法律效力。研究承包地收回的生效机制需要对"我国土地承包经营权遵循何种物权变动模式"这一重大理论问题作出回答。从"终止权行使的法律效果为发生土地承包经营权消灭的物权变动效力"这一基本判断出发，根据现行物权法秩序基本思想，运用体系解释方法，在理清所属规整内相关条文间勾连关系的基础上，对与土地承包经营权变动模式相关的现行法规范作出适切的解释：土地承包经营权的变动仍遵循《物权法》第6条确立的"公示要件主义"物权变动模式，其虽不以登记为必要，但仍以完成"法律许可的、能为外界所查知的其他公示方式"为必要。从而，终止权仅依据法律行为实现的条件为"完成土地承包经营权的公示方式"；依据法院判决实现的条件为"法院的判决生效"，而无须再践行物权公示。秉持平衡当事人双方之利益、维护物之社会经济价值的基本思想，遵循法的公平原则及比例原则，对土地承包经营权因终止权的行使而消灭以后，承包地及其上的工作物、农作物的处置以及原土地承包经营权人再次要求承包本集体土地的权利，提出制度设计方案。

目录 Contents

导 论

导 论

当前乃至今后相当长的一个时期，中国"三农"问题的核心都不会是农业问题，而是农民和农村问题，是数量极为庞大的、难以及时从农村转移进入城市生活的农民，经济收入难有快速增长空间的问题。随着村社集体日益被"空壳化"，农民的主体性地位没有了，人生意义的生产被打碎了，而且生活的风险极大地增加了。因此，当前解决"三农"问题的核心应是重建农民的生活方式而非发展高效率的农业。在手段的选取上，我们需要寻找一条建立在承认农民收入在未来数十年不可能大幅度增长基础上的路。[1]农业问题及农村问题的解决必须紧紧围绕着农民问题的解决而展开，为其服务。整体而言，实现东部农民的富裕、中部全部和西部已经温饱农民的小康、西部贫困农民的温饱将是农民问题的首要目标；加强农田水利建设和农业新技术普及，保障粮食安全将是农业问题的首要目标；加强乡村规划和基础设施建设，保护农村生态，保持农村稳定将是农村问题的首要目标。[2]

---

〔1〕 贺雪峰：《地权的逻辑——中国农村土地制度向何处去》，中国政法大学出版社 2010 年版，第 254～257 页。

〔2〕 李昌平："关于当前'三农'政策的一些思考"，载庞道沐、陈文胜主编：《湖湘三农论坛·长沙》，红旗出版社 2008 年版。

论我国农村承包地收回制度的权利逻辑

土地是农民从事农业生产以获得生存保障的基本物质条件，是财富的源泉。土地又是稀缺资源，社会成员对土地的竞相占有必然引发利益冲突。要使土地这一自然界的物在人类社会中为农民所用，或者说，农民要从土地上获取利益以满足其需要，就必须通过对土地上权利的享有及行使来实现。土地权利体系上配置了怎样的利益结构（当然也包括与权利相伴而生、互为表里的义务和责任）直接决定了土地能为农民提供怎样的生活条件，也决定了农民将处于怎样的经济、政治乃至社会地位。因此，对我国农村土地权利体系作出妥当的制度安排是处理好"三农"问题的关键所在。

一、问题的提出

在我国"农民人口基数庞大并继续逐年增长、农地资源有限且随城市化的推进逐年减少，从而造成农村人地矛盾日益突出"的自然状况及国家推行"增人不增地、减人不减地；保持土地承包关系稳定并长久不变[1]；禁止集体于承包期内收回或调整承包地；取消农业税的征收等"一系列将土地承包经营权自物权化[2]的法律政策下，中国农村出现了以下问题：

---

〔1〕 在2011年8月27日在京举行的全国人大常委会农村土地承包法执法检查组第一次全体会议上，中共中央政治局常委、全国人大常委会委员长吴邦国作出重要批示：农村《土地承包法》执法检查是今年全国人大常委会监督工作的一个重点。要通过检查，全面贯彻《农村土地承包法》和《农村土地承包经营纠纷调解仲裁法》，切实保障农民土地承包经营权，保持土地承包关系稳定并长久不变，加强农村土地承包经营权流转管理和服务。

〔2〕 自物权化又称所有权化，是指使土地承包经营权吸收土地所有权的收益权能和处分权能并将承包期无限延长的立法趋势。据《财经》报道，"2000年初，《农村土地承包法》起草小组接到上级指示，要在新的法律中使承包经营权体现出部分所有权的性质。最终通过的法案中，土地承包经营权的性质已经非常接近于所有权"。参见任波："新土地革命"，载《财经》2002年第19期。

（一）土地权益的实际分配背离了农地政策的初衷

当前，中央越来越倾向将之前家庭承包责任制，由承包制度的稳定转变为具体承包关系的稳定，甚至变成"增人不增地、减人不减地"的长久不变的土地承包关系。在具体承包关系长久不变的情况下，随着越来越多的农村人口离开村庄进入城市，并在城市安居下来，他们的收入和生活世界都已经到了城市，而他们的土地仍然在农村（享有以家庭承包方式取得的土地承包经营权），他们同时享受城市居民的社会保障和农村的土地保障。他们将土地出租而收取地租，而租地种的农民大都是在农村未能依据成员权分得承包地的、无力离开农村进城安居的村民。[1]刘燕舞在对"增人不增地、减人不减地"政策对贵州湄潭农村的实际影响的实证调查中发现："增人不增地、减人不减地"的实践经验在鸣村除造成土地分化和失地农民外，还产生了大量完全脱离村庄却继续在村庄拥有土地的滑稽人口，这部分人户口迁出村庄因而实际与村庄没有任何关系却在村庄继续拥有土地。按照几个组的调查数据估算村庄的平均水平，可以比较准确地估计，滑稽人口约占村庄总人口数的12.4%，即有281个承包人口永久性地迁出鸣村，他们占有的土地总量约在300亩。如果将滑稽人口数考虑进去，在村庄中生活的失地农民的比例可能达到33.75%。如果现有的"增人不增地、减人不减地"土地政策继续维持，这一数字还会继续攀升[2]这部分进城人口在土地政策的保护下继续享有农地的高度产权（接近于所有权），由于他们已经在城市有稳定的工作和收入，所以他们就不大可能将其土地承包经营权廉价移转出去（被限定为农业用途的土地的价格不

〔1〕 贺雪峰：《地权的逻辑——中国农村土地制度向何处去》，中国政法大学出版社2010年版，第137页。

〔2〕 刘燕舞："反思湄潭土地实验经验——基于贵州鸣村的个案研究"，载《学习与实践》2009年第6期。

可能很高），而是将土地出租以收取租金收益同时等待土地升值。他们根本不会关心村庄公共品的供给情况，没有为了农业生产的便利而调整承包地以便于连片耕作的积极性，这样一来，不仅会使土地规模经营的设想落空，中国农村土地细零化倾向将更加严重，而且会造成越来越多的农村"新增人口"无法依据其成员权分得集体土地（即在相应的承包地上取得土地承包经营权），从而成为农村的"待地农民"[1]。在实行土地承包制的条件下，土地承包经营权是集体成员享有的他物权性质的财产权，也是其从集体土地上享有的基本社会保障。成员未在相应的承包地上取得土地承包经营权就意味着无法享受集体土地上的社会保障，这不仅违背社会公平，确实造成了"待地农民"的生活困难，给农村社会稳定带来不安因素，还会造成"村庄的共同体认同瓦解[2]，从而使农村基础性公共品供给更加困难"等一系列更深远的影响。学者的实证考察结果表明，这样的土地制度安排已经令大多数的农民不满，如由陈小君主持的"农村土地问题立法研究"课题组对"增人不增地、减人不减地"农地政策的调查结果显示：经过 20 多年的制度磨合和运作，仅有 25.90% 的受访农户认为该政策好，而认为该政策不好的受访农户高达 56.03%，大多数受访农户（74.10%）并不认同"增人不增地、减人不减地，承包期 30 年不变"等政策、法律[3]。因此，如何解决不断增加的"待地农民"的基本生活保障、恢复农

---

〔1〕 "待地农民"是指在土地统一发包时没有取得土地的承包经营权，在承包期间又没有条件为其调整承包地，因而其承包本集体土地的权利处于期待状态的农民。韩松："农地社保功能与农村社保制度的配套建设"，载《法学》2010 年第 6 期。

〔2〕 关于已经脱离农村的农户家庭却仍然占有农村土地将引起农社共同体瓦解的论述，可参见贺雪峰：《地权的逻辑——中国农村土地制度向何处去》，中国政法大学出版社 2010 年版，第 165~168 页。

〔3〕 陈小君等："后农业税时代农地权利体系与运行机理研究论纲——以对我国十省农地问题立法调查为基础"，载《法律科学》2010 年第 1 期。

地分配的社会公平是中国农地立法须面对的一个不可回避的难题。

（二）农民将土地闲置、破坏、擅自转为非农用途等不当使用土地的行为难以得到有效遏制

虽然在国家取消农业税以后，土地由负担转为财产收益的源泉，农民对土地的抛荒弃耕有所缓解，但是据陈小君主持的"农村土地问题立法研究"课题组对我国 10 个省近 2000 户农民的田野调查统计结果显示："自农业税取消以后，耕地抛荒现象虽有所减少但仍然存在，被抛荒耕地面积占总耕地面积的比例为 13.72%。有个别地区出现了隐性抛荒（如承包土地种一季，闲置一季）和变相抛荒（如在承包土地上种植树木，以便今后不再耕种）的现象。另外，耕地的利用和保护状况不容乐观，耕地被转化为非农用途的情况时有发生，在耕地上建房、建坟、建窑等乱占土地的现象屡见不鲜。出于利益的驱动，在耕地上采石、挖砂、采矿等现象不仅存在，而且在有些地区还比较严重。更严重的是，上述违规行为不仅未受到有关部门的处罚，甚至连过问也较为鲜见。这说明有关行政部门对耕地监管的力度不够，有失职之嫌。在实践中相关政府部门对擅自改变承包土地用途没有监管或监管不力的现象较为突出。"[1]珍贵的农地被闲置浪费、破坏或改为非农用途不仅会危及农民集体的利益[2]，还会危及我国的"粮食安全"。粮食安全是国家发展的"生命线"，是维系经济增长和社会稳定的必要条件。因此，设置怎样的土地权利体系以有效遏制农民对土地的不当使用行为是当前中国农村土地制度研究亟待解决的重大课题。

---

〔1〕 "农村土地问题立法研究"课题组："农村土地法律制度运行的现实考察——对我国 10 个省调查的总报告"，载《法商研究》2010 年第 1 期。

〔2〕 在这里，"农民集体的利益"即是指本农民集体内其他成员，尤其是"待地农民"和"将来成为本集体成员的人（潜在集体成员）"的利益。

（三）村社集体作为土地所有人的主体地位以及作为农村公共品供给者的作用日趋式微

公共品的非排他性、非竞争性或者消费中的不可分割性决定了购买公共物品的人无法阻止别人不花钱而享受公共物品的利益或者说这种阻止的成本非常高，也就是无法避免经济学上所说的"搭便车"现象，因此，公共物品无法通过市场体系充分获得。[1] 自古以来，中国就是一个农业人口规模庞大且分布密集的国家，农民住在村庄从事农业劳作，村庄是农民的归属，乡土深入农民的血脉。村庄是一个共同体，既有规矩，又有村民的认同；既生产粮食，又生产意义。在中国农村，村社集体是实现农户与市场、农户与国家对接所不可或缺的中介，村社集体因此成为一个最小的公共品提供单位，成为一个为农民生产、生活提供基础条件的单位，也成为一个国家管理和服务农村社会的基本单位。[2] 而且，作为集体土地所有权人，村社集体还承担着"维护和保持本集体土地的价值，并将本集体土地平等地为本集体成员提供基本生活保障，发挥农地的农村社保功能"的重要职能。然而，随着农村改革的不断深入，村社集体的职能发生了很大的变化：民主选举权扩大了，但民主决策、民主监督、民主管理权逐年虚化；自我教育、自我服务、自我管理的自治权利越来越弱化了，其主要原因是：在"不断深化的农村改革"过程中，村社集体的经济基础越来越薄弱，特别是"三提五统"的取消，彻底消灭了其存在的经济基础。现今，除少数有大量"集体"财产的村民委员会外，绝大多数村民委员会都成为乡镇政

---

〔1〕 文正邦、陆伟明：《非政府组织视角下的社会中介组织法律问题研究》，法律出版社 2008 年版，第 198 页。

〔2〕 贺雪峰：《地权的逻辑——中国农村土地制度向何处去》，中国政法大学出版社 2010 年版，第 134～136 页。

府的办事组织，作为自治组织的绝大部分功能基本丧失[1]20世纪90年代中期，村办集体企业基本上实行了转制，成了私人企业，集体经营层次所赖以发挥作用的基础被摧毁。在第二轮土地承包中，大部分地方取消了集体留存的机动地，这样村集体经济组织基本上没有了收入。在农业税取消后，连与农业税一起收缴的集体提留也无法存在。1999年《宪法》修改使"统分结合的双层经营体制"载入《宪法》，但此时，还在实行双层经营的地方，尤其是集体统一经营层次还在发挥作用的村已经寥寥无几。[2]由此引发的后果为，大部分村集体失去了经济来源，很多村的财务状况陷入瘫痪，从而使村干部的动员能力日趋减弱，针对那些耗资颇大的村公益事业，村委会显得有心无力。集体经济组织的职能日趋式微，在现有的制度语境下对农民缺乏影响力。[3]而对于中国农村来讲，村庄共同体的瓦解是相当严重的问题，因为村庄共同体不仅仅是一个基础的公共品供给单位[4]，而且是农民的心灵归属，是他们生命意义生产和社会交往的基础单位。[5]因此，丰富并完善集体土地所有权的内在权能，恢复村社集体的正常运转、发挥其在农村社会生活中应有的作用，是未来农村土地制度研究的一个重要努力方向。

---

〔1〕　李昌平："从后税费时代看村民委员会的走向"，载《中国乡村发现》2006年第1期。

〔2〕　张路雄："我国耕地制度存在的问题及政策选择"，载《红旗文稿》2009年第6期。

〔3〕　"农村土地问题立法研究"课题组："农村土地法律制度运行的现实考察——对我国10个省调查的总报告"，载《法商研究》2010年第1期。

〔4〕　因村庄共同体解体而产生农村公共品供给困境的一个典型例子是：取消农业税后，大多数地方农村的集体灌溉体系迅速解体，农户不得不通过打井来灌溉水稻。由贺雪峰教授主持的一个乡村建设实验区，一个只有四万多人的乡镇，近年来竟然打了7000口灌溉机井。参见贺雪峰：《地权的逻辑——中国农村土地制度向何处去》，中国政法大学出版社2010年版，第7页。

〔5〕　贺雪峰：《地权的逻辑——中国农村土地制度向何处去》，中国政法大学出版社2010年版，第166页。

深入到农村土地权利的本质，村提留的取消、土地承包经营权的长期甚至永久化、土地承包经营权人可以将土地永久移转出去等一系列土地政策的实施，实质上是使土地承包经营权吸收土地所有权的收益权能和处分权能，由此，集体土地所有权在土地承包经营权和国家公权力的双重挤压下，已经失去了其应有的地位和作用，难怪会有学者指出："承包权实质上是对所有权的分割。承包合同越是长期化、固定化，承包权对所有权的分割程度就越高。"[1]然而，要提高农民农业生产的效率，最主要的办法是以集体土地所有权为依托，提供超出农户层面合作的基础。集体所有权作为"农村生产发展、农村民主政治发展、农村经济社会协调发展、承接国家和社会各方面支持新农村建设"的基础，应当坚持并完善。[2]

二、选题的依据

农村承包地收回是指在承包期内，当特定法律事实具备时，土地承包经营权向后失去效力，土地所有权恢复圆满状态，土地所有人回复对承包地占有的法律制度。"承包地收回"可能首先使人想到一个由村社集体剥夺农民个人财产权、损害农民利益的法律制度，这与国家保护农民财产利益的立法价值严重背离。然而，如果将该制度放在当今中国的自然经济背景及社会现状下予以观察，深入到该制度的本质，就会发现：承包地收回是以保障我国广大农民，尤其是占农民人口绝大多数的、从事农业生产的农民之根本利益为首要价值的，是与中国当前及未来相当长一段时期的发展方向相适应的法律制度。其主要制度功能在于发挥农村集体土地作为农民基本生活保障之功能，维护社会公平；促使土地承包经营权人履

---

〔1〕 党国英：《农村改革攻坚》，中国水利水电出版社 2005 年版，第 138 页。

〔2〕 关于集体所有权的重要性，参见韩松："农民集体所有权是新农村建设法律保障的制度基础"，载《西北农林科技大学学报》（社会科学版）2007 年第 4 期。

行保护与合理利用土地之法定义务，确保土地规划的有效实施，维护国家的粮食安全。

承包地收回制度的有效运行不仅具有"强化集体土地所有权的内在权能、完善其救济途径，为集体土地所有权重新发挥作用、恢复其本来品格提供重要机制。纠正刻意强调一方而虚化或悬置另一方的两极思维，构造强所有权强经营权而非强经营权弱所有权的农村土地二元权利结构，使所有权和用益物权各得其所，形成良性的所有权与用益物权关系"的重大理论意义，而且对于"集体及时收回进城人口的承包地并用于解决待地农民的基本生活保障，为其取得土地承包经营权、实现集体成员权提供机会，从而缓解人地矛盾，维护社会公平；有效遏制农民闲置、破坏、擅自转为非农用途等不当使用土地的行为，从而一方面维持集体农地的总量及价值，确保其农村社保功能的正常发挥，另一方面促进国家土地规划的顺利实施，保障国家的粮食安全；恢复村社集体的正常运转，发挥其在农村社会生活中的应有功能"均具有不可估量的重要现实意义。

然而，承包地收回制度本身尚存在诸多问题，以至其预期制度功能难以发挥。下面本书结合两则真实案例，分析承包地收回在我国司法实践中存在的问题：

【案例一】"冯建国与樊英土地承包经营权纠纷上诉案"[1]

原审法院查明的事实为：1983 年村委会第一轮发包土地时，樊英承包了核桃树地 1.59 亩，冯锡銮地（毛草地）0.9 亩，上四亩地 0.8 亩，下四亩地 0.5 亩，共计 3.79 亩。因樊

---

[1] 河南省新乡市中级人民法院民事判决书（2009）新中民四终字第 74 号。审理程序：二审；审判长：朱光民；审判员：李喜良、夏智勇；书记员：田泽华；审结日期：2009 年 5 月 4 日。在保证案例基本信息完整的前提下，本书对判决书的内容作了适当删减。

英年老体弱，无力耕种，部分土地撂荒，1999 年秋天村委会将樊英的部分土地调整给冯建国耕种。上述土地现在由冯建国耕种，2006 年樊英要求冯建国返还上述土地，冯建国拒绝返还。

原审法院认为：农民的合法土地承包经营权受法律保护，承包期内，发包方不得收回和调整承包地。发包方违法收回承包方弃耕、撂荒的承包地，承包方要求返还承包地的应予支持。本案中，村委会在樊英没有自愿退地的情况下，未经樊英同意，擅自将樊英承包地调整〔1〕给冯建国耕种，剥夺了樊英的承包经营权，樊英要求冯建国返还其承包地的诉讼请求符合法律规定，应予支持。冯建国以村委会调整樊英的承包地归其承包经营为由不同意返还樊英的承包地有悖于法律规定，不予采纳。依照《农村土地承包法》第 9、26～27 条和最高人民法院《关于审理涉及农村土地承包纠纷案件适用法律问题的解释》第 6 条之规定，原审法院作出判决：①冯建国和张村乡滑峪村民委员会应于 2008 年玉米收割结束后将樊英承包地核桃树地 1.59 亩，冯锡銮地（毛草地）0.9 亩，上四亩地 0.8 亩，下四亩地 0.5 亩交还给樊英耕种。②驳回樊英对冯锡礼的诉讼请求。案件受理费 150 元，其他支出费用 150 元，由冯建国负担。

上诉人冯建国不服原审判决，向二审法院提起上诉称：①本案争议土地是村委会发包给上诉人的，上诉人与被上诉人之间不存在任何民事法律关系，上诉人不是本案的直接利害关系人，不应列其为本案被告，由此可见，一审程序违法，应予纠正。②因被上诉人弃耕导致部分土地撂荒，造成了土地资源

---

〔1〕 这里所称"调整"实际上是指将樊英的部分土地"收回"，再将其承包给冯建国。

的浪费，所以，无论是被上诉人将本案争议土地自愿交回或是村委会主动将土地收回都是合情、合理、合法的。综上，村委会发包给上诉人的土地依法应受到法律保护，请求二审法院支持上诉人的上诉请求。

被上诉人樊英答辩称：原审认定事实清楚，适用法律正确，应予维持。

二审法院经审理后查明：①现辉县市张村乡滑峪村村委会主任为冯培礼；②冯建国及樊英均认可本案争议土地中的部分土地（上四亩地0.8亩，下四亩地0.5亩）是张明功转给冯建国的；③村委会陈述1999年以前冯建国只有一口人的耕地，1999年冯建国从焦作煤矿下岗回家，冯建国家有三口人，村委会将本案争议土地承包给冯建国，自承包该土地以来，冯建国一直承担各项农业税费的交纳。其他事实与原审认定的事实一致。

二审法院认为：虽然冯建国是从村委会承包了本案争议土地，但其现在仍耕种该土地，而樊英要求返还该土地的诉讼请求与其存在直接的利害关系，故冯建国称一审列其为本案被告程序违法的理由不能成立，不予支持。根据二审查明的事实，争议土地中的部分土地（上四亩地0.8亩，下四亩地0.5亩）是张明功转给冯建国，因张明功未参加诉讼，且被上诉人未能提供相关证据证明冯建国与村委会就该部分土地对其构成侵权，故樊英要求村委会与冯建国返还该部分土地的诉讼请求，不予支持。至于核桃树地与冯锡銮地（毛草地），因村委会将争议土地发包给冯建国的时间早于《农村土地承包法》及最高人民法院《关于审理涉及农村土地承包纠纷案件适用法律问题的解释》的生效时间，故本案不适用以上法律。2004年4月30日国务院办公厅下发《关于妥善解决当前农村土地承包纠纷的紧急通知》规定，对于《农村土地承包法》实施以前收回农户抛荒承包地，如农户要求继续承包耕作，原则上应允许继续承包耕种。如原承包土地已发包给本集体经济组织以外人员，应修订合同，将土地重新承包给原承包农户；如已分配给本集体经济组织成员，可以在机动地中予以解决，没有机动地的，要帮助农户通过土地流转，获得耕地。而本案中樊英在承包本案争议土地期间，撂荒土地，欠交农业税费，无论樊英自愿交回或是村委会主动收回均有利于节省耕地资源，发挥土地效能，且冯建国于1999年迁回滑峪村并成为该集体经济组织成员，冯建国与村委会就本案争议土地确立土地承包法律关系后，其已经依法取得了本案争议土地的承包经营权。故对樊英要求村委会与冯建国返还核桃树地和冯锡銮地（毛草地）的诉讼请求本院不予支持，樊英可以依照有关规定向有关部门要求通过土地流转等途径获得土地。综上，原审认定事实基本清楚，但适用法律错误，应予纠正。依照《民法通则》第5~6条、《民事诉讼法》第153条第1款第2项之规定，经二审法院审判委员会研究决定，判决如下：①撤销河南省辉县市人民法院（2007）辉民初字第511号民事判决；②驳回樊英的诉讼请求。一审案件受理费150元，其他支出费用150元，二审案件受理费100元均由樊英负担。本判决为终审判决。

【案例二】"冉义均农村土地承包经营户诉重庆市酉阳土家族苗族自治县龙潭镇龙泉社区6组农业承包合同纠纷案"[1]

法院查明的案件事实为：1985年3月25日第一轮土地承

---

〔1〕 重庆市酉阳土家族苗族自治县人民法院民事判决书（2009）酉法民初字第118号。审判程序：一审；审判员：黄江；书记员：熊锐；审结日期：2008年11月20日。在保证案例基本信息完整的前提下，本书对判决书的内容作了适当删减。

包时，被告梁玉芝在争执地龙潭镇龙泉社区6组碾房后头有1.35亩土地，原告冉义均在离该地不远的龙洞门口有0.45亩土地。1988年，梁玉芝全家农转非到四川省盐边县后，未退出土地，被告龙潭镇龙泉社区6组也未有收回土地。1991年，梁玉芝将土地委托他人耕种。后冉义均等强行耕种该地。1998年，龙潭镇黄土村6组根据冉义均的申请，与冉义均签订了《农用土地承包经营权合同》，将争执地碾房后头0.45亩同冉义均在龙洞门口0.45亩土地一并填入了冉义均的《农用土地承包经营权合同》中，注明其龙洞门口的土地为0.9亩。2005年5月16日，梁玉芝全家从四川省盐边县迁入龙潭镇龙泉社区6组，2007年6月23日，龙潭镇龙泉社区6组又与梁玉芝签订了《农用土地承包经营权合同》，将争执的碾房后头0.45亩和其他土地一同承包与梁玉芝耕种。2008年6月11日，龙潭镇农业承包管理委员会作出了《关于龙泉社区6组村民与本组集体土地纠纷调查处理的报告》，认定冉义均占有了梁玉芝的耕地。2008年12月5日，原告起诉至本院请求确认原告享有争执地的承包经营权。

法院认为，本案争议的焦点有：①龙潭镇农业承包管理委员会《关于龙泉社区6组村民与本组集体土地纠纷调查处理的报告》是否生效的问题。因其处理的形式和内容不合法，故其不属于仲裁裁决，原告的起诉符合法律的规定，第三人梁玉芝辩称关于争执地龙潭镇农业承包管理委员会已处理给第三人的理由不能成立。②被告与原告及被告与第三人签订的《农用土地承包经营权合同》谁有效的问题。因本县龙潭镇龙泉社区6组的第二轮承包是在第一轮的基础之上继续承包的，梁玉芝虽然1988年全家农转非到四川省盐边县居住，但其未退出土地，且被告龙潭镇龙泉社区6组也未有收回土地，故争执地应当由梁玉芝继续耕种。冉义均在强行耕种碾房后头 0.45 亩的承包地后，龙潭镇龙泉社区 6 组在 1998 年将其承包给冉义均应当无效。梁玉芝全家重新迁入龙潭镇龙泉社区 6 组后，2007 年 6 月 23 日龙潭镇龙泉社区 6 组与梁玉芝签订了《农用土地承包经营权合同》应为有效，故对原告冉义均的请求，不予支持。据此，依照《民事诉讼法》第 64 条，《农村土地承包法》第 26 条第 1、2 款和最高人民法院《关于审理涉及农村土地承包纠纷案件适用法律问题的解释》第 20 条第 3 项之规定，判决如下：驳回原告冉义均农村土地承包经营户的诉讼请求，1998 年被告龙潭镇黄土村 6 组与原告冉义均农村土地承包经营户签订的《农用土地承包经营权合同》中的碾房后头 0.45 亩的承包地合同无效。案件受理费 80 元因适用简易程序减半收取 40 元，由原告负担 40 元。

通过对以上法院的判决书进行分析，可将承包地收回制度在我国司法实践中的适用情况归纳如下：

第一，法院一般不承认"承包方弃耕抛荒"构成发包方得收回承包地的法定事由。案例一中，原审法院称"村委会在樊英没有自愿退地的情况下，未经樊英同意，擅自将樊英承包地调整给冯建国耕种，剥夺了樊英的承包经营权。因此，判决冯建国将争议地交还给樊英"。其作出判决的依据为《农村土地承包法》第 26、27 条和最高人民法院《关于审理涉及农村土地承包纠纷案件适用法律问题的解释》第 6 条。由此，原审法院排除了《土地管理法》第 37 条第 3 款的适用，不承认"在承包方抛荒弃耕达 2 年以上情形下，发包方得收回承包地"。而二审法院称"樊英在承包本案争议土地期间，撂荒土地，欠交农业税费，无论樊英自愿交回或是村委会主动收回均有利于节省耕地资源，发挥土地效能，且冯建国于 1999 年迁回滑峪村并成为该集体经济组织成员，冯建国与村委会就本案争议土地确立土地承包法律关系后，其已经依法取得了本案争议土地的承包经营权。综上，本院决定驳回樊英的诉讼请求。"虽然该判决在客观上承认了"承包方弃耕抛荒的，发包方收回其承包地合法有效"，但二审法院作出判决的依据并非《土地管理法》第37条第3款，而是《民法通则》第5、6条以及2004年4月30日国务院办公厅下发的《关于妥善解决当前农村土地承包纠纷的紧急通知》。可见，其仍未正面承认"承包方有弃耕抛荒行为"是发包方收回承包地的法定事由，即法院不承认在承包方弃耕抛荒2年以上时，发包方有收回其承包地的权利或权力。

第二，法院认为承包方全家迁往设区的市转为非农业户口后，可以不交回承包地。由"案例二中，法官对于第三人转为非农户口后未将承包地交回的行为，非但未指出其违反法定义务，使其承担一定的责任，反而承认其继续享有该承包地上的土地承包经营权"可知，法官倾向于解开现行法中"集体经济组织成员资格与土地承包经营权之间的绑定关系"，土地承包经营权人即使失去本集体经济组织成员资格，仍然可以继续享有其（以家庭承包方式取得的）土地承包经营权。体现在法律适用上就是：只适用《农村土地承包法》第26条第1款而无视第3款的存在。

第三，法院认为承包期届满后，土地承包经营权将按照原土地承包经营权合同自动续期。由"案例二中，在第三人享有的土地承包经营权因承包期届满而消灭以后，发包方在该承包地上为本集体经济组织其他成员设定了新的土地承包经营权的情况下，法院仍然支持第三人按照其第一轮土地承包的土地承包合同继续享有该承包地上的土地承包经营权，即承包期届满后按原承包合同内容自动续期，而无须重新签订新的土地承包经营权合同的诉讼主张"可知，法官倾向于将土地承包经营权的期限"永久化"。

综上，法院的判决具有以下特征：首先，法院在对承包地收回案件作出裁判时，缺乏明确统一的判准。对于相同的发包方收回承包地事实，不同的法官可能依据不同的规则作出裁判，其中包括：《民法通则》第5、6条，《农村土地承包法》第9、26、27条，最高人民法院《关于审理农村土地承包纠纷案件适用法律问题的解释》第5、6、9条，国务院办公厅下发的《关于妥善解决当前农村土地承包纠纷的紧急通知》第4条等，而这些规则之间并非是"逻辑一贯、相互配合"的关系，而是经常会相互抵触，其结果就是不同法院对相同的事项作出完全不同的处理，这使得法律的指引功能无法正常发挥。其次，法官对"承包地收回行为"的判断仅局限于"发包方收回承包地的行为是否合法有效"，而对于其确切的法律意涵、须具备的发生条件、会引发的法律效果等，均没有清晰的把握。最后，多数法院的判决具有较强的"政策取向性"。对于某收回承包地行为的判断和处理，当既有法律又有国家政策可依据时，法院通常会更倾向于后者。在法院看来，依据政策而非法律作出裁判，似乎具有更充分的正当性和妥当性。最典型的例子是，在案例一中，同样都可据以作出"收回行为合法有效"的判决，也同样都是于收回承包地行为作出后生效的《土地管理法》（2004年8月）和国务院办公厅下发的《关于妥善解决当前农村土地承包纠纷的紧急通知》（2004年4月），二审法院选择了后者作为其裁判的依据。

现行的承包地收回制度无法得到法院的普遍承认和严格适用的局面，究其缘由，除了国家政策对司法审判的影响外，还在于承包地收回的相关立法及理论未尽完善。虽然农村承包地收回作为一项法律制度，已经事实地存在于我国农村土地法律秩序当中，但是其立法表述——"承包地收回"乃对生活事实的描述，并非严谨的法律概念，相关规范均着眼于直接白描发包方自承包方处收回其承包之土地这一事实状态，而非借由权利义务这一逻辑线索明确发包方与承包方双方基于此一事实生发的权利义务关系，由此，发包方"收回承包地"这一事实游离于法律思维的成就之外，其权利基础、发生要件、实现程序及法律后果，立法欠缺明确的规定，法学理论界也陷入了本不应有的茫然无语。如果"承包地收回"这一生活事实不能运用法律概念予以表达，就不能转化为法律问题，也就不能通过法律的逻辑加以处理。

另外，无论是承包地收回的规范模式，还是其在现实生活中的实际运行状况，都是以公权力为内在驱动力的，具体表现为：发包方负有代表土地管理机关收回承包地的法定义务；承包方做出改变土地农业用途或将土地用于非农建设行为所引发的法律效果是由行政机关给予行政处罚等。很显然，这种以公权力为主导的规范模式存在一系列的局限性：权力具有天生的寻租本性，其滥用极易对人民的财产权构成侵害；按照权力驱动型规范模式设计的法律制度往往欠缺适当的激励，从而难以获得制度正常运转所需的内在驱动力；公权力执法主体所掌握的资源（包括金钱、人力、物力及信息等）十分有限，这使其很难及时、全面而有效地实施法律。[1]这些局限性直接阻碍了承包地收回制度"发挥集体土地农村社保功能，维护社会公平；强化集体土地所有权的保护；确保土地规划的有效实施，保障国家的粮食安全"三重制度目标的实现。因此，对承包地收回的秩序生成机制进行理论重构，扭转其内在驱动力严重不足

---

〔1〕 由陈小君主持的"农村土地问题立法研究"课题组在对我国 10 个省近 2000 户农民的田野调查统计结果表明：对于"农民占用耕地建窖、建坟行为"的政府监管情况，只有 25.86% 的农民表示曾有人来处罚过，58.44% 的农民表示没见过人管；对于"农民在耕地上挖沙、采石、采矿、取土"行为，只有 14.06% 的农民表示曾有人来处罚过，有 62.06% 的农民表示没见过人管；对于"农民占用耕地建房"行为，只有 36.87% 的农民表示曾有人来处罚过，有 44.4% 的农民表示没见过人管。可见，在实践中土地行政部门对擅自改变承包土地用途等违法行为基本没有监管，甚至连过问也较为鲜见。参见"农村土地问题立法研究"课题组："农村土地法律制度运行的现实考察——对我国 10 个省调查的总报告"，载《法商研究》2010 年第 1 期。

的现状，实现其规范模式上的重大转向，已迫在眉睫。

三、论题的研究现状

（一）承包地收回的法律意义

农村承包地收回作为一项法律制度，已经为我国相关法律条文[1]确定下来，事实地存在于我国农村土地法律秩序当中。然而，其在立法上的表述乃对生活事实的直接白描，并非严谨的法律概念。退一步讲，如果"承包地收回"是我国直接通过立法所独创的、具有中国本土特色的"法律概念"的话，那么，我国民法学界也需要使用民法理论中已经意义明确的法律概念对"承包地收回"下定义，以释明其确切的法律意涵。

我国大多数对"承包地收回制度"有所涉猎的学者，都是直接将"承包地收回"作为土地承包经营权消灭的一种法定事由，而不对其确切的法律意义作深入探究。如尹飞就认为：承包地收回属于现行法律中，农村土地承包经营权消灭的法定事由。[2]

也有学者将承包地收回与传统民法中用益物权的撤销制度作了简单的异同比较，但尚未形成"将我国的承包地收回与传统民法理论中的某一法律制度对应起来，以明确承包地收回之法律意义"的清晰意识。如周应江结合我国台湾地区"民法"第846条关于"土地所有权人得撤佃"的规定以及《日本民法典》第276条关于"土地所有人可以请求消灭永佃权"的规定，认为：发包方收回承包地，类似于大陆法系物权法上土地所有权人对用益物权的撤销，产生的后果也是用益物权的消灭。但是，与这些地区或者国家的法

---

〔1〕《物权法》第131条，《农村土地承包法》第26、27、30、31条，《土地管理法》第37条等。

〔2〕参见尹飞：《物权法·用益物权》，中国法制出版社2005年版，第320~321页。

律规定的撤销权行使的事由不同，中国现有法律规定的发包方可以收回承包地或者说撤销家庭承包经营权的条件是极其特殊的，具体体现了家庭承包经营权的身份性和功能保障性。[1]

尽管我国尚未有学者对"承包地收回"的法律意义作出直接界定，但值得注意的是，房绍坤教授在《用益物权基本问题研究》一书中的"用益物权的消灭"部分，指出：用益物权的撤销是指所有权人在具备法律规定的条件时，取消权利人的用益物权。撤销是用益物所有权人单方行使的行为，其往往是因用益物权人的过错造成的。在我国法上，撤销也是用益物权消灭的一种原因，例如《土地管理法》第 37 条、《农村土地承包法》第 26 条第 3 款的规定。[2]由此可见，依房绍坤教授的观点，可将我国承包地收回的法律意义界定为用益物权的撤销。然而，房绍坤教授在后来编写的《物权法·用益物权编》一书中"土地承包经营权消灭的原因"部分，没有将这一认识体现在承包地收回的定义当中，他给承包地收回下的定义为："承包地收回是指在承包期内，发包方因发生了法律规定的事由而收回土地承包经营权人的承包地。"[3]很明显，该定义犯了"循环定义"[4]的错误，其定义中直接包含了被定义的概念（承包地、收回），这样根本无法达到通过下定义来确定"承包地收回"之法律意义的目的。

（二）承包地收回的制度框架及其立法理由

关于我国承包地收回制度的立法框架，即规整内各法条之间的

---

〔1〕 参见周应江：《家庭承包经营权：现状、困境与出路》，法律出版社 2010 年版，第 172 页。

〔2〕 参见房绍坤：《用益物权基本问题研究》，北京大学出版社 2006 年版，第 210 页。

〔3〕 房绍坤：《物权法·用益物权编》，中国人民大学出版社 2007 年版，第 116 页。

〔4〕 关于循环定义，可参见梁慧星：《民法解释学》，中国政法大学出版社 1995 年版，第 89 页。

逻辑结构，房绍坤教授指出："物权法保护土地承包经营权，因此，在承包期内，发包方一般是不能收回承包地的。但在具备了法律规定事由的情况下，发包方有权收回承包地。发包方收回承包地的，土地承包经营权归于消灭。"[1]周应江也对《物权法》第131条作出了类似的解读：正是因为家庭承包经营权被视为农户的生活保障权，现有法律（其具体指《物权法》第131条）规定的"发包方不得在承包期内收回承包地"是一项基本原则，发包方只有在法律规定的例外情况下，才可以基于法律的规定收回承包地。[2]由是，学者们对于"承包地收回"的立法框架，已基本形成以下共识：原则上，发包方不得在承包期内收回承包地（承包地收回的原则性规定），只有当《农村土地承包法》等法律另行规定的"承包地收回之发生事由"成就时，发包方才可以收回承包地（承包地收回之发生事由的法律授权）。但是，关于"能够对承包地收回之发生事由另外作出规定的法律"的范围，即如何理解《物权法》第131条中所指的"农村土地承包法等法律"的问题，学界现有的研究并未对此形成统一观点。多数学者认为：只有《物权法》和《农村土地承包法》才可以对承包地收回的发生事由作出规定，而《土地管理法》等法律对承包地收回之发生事由作出的规定无效。如房绍坤教授在讨论"发包方能否在土地承包经营权人弃耕抛荒的情形收回承包地"问题时指出，尽管《土地管理法》第37条第3款和《基本农田保护条例》第18条第2款都规定了，承包经营耕地（基本农田）的单位或个人连续2年弃耕抛荒的，原发包单位应当终止承包合同，收回发包的耕地（基本农田）。但是，《物权法》、《农村土

---

〔1〕 房绍坤：《物权法·用益物权编》，中国人民大学出版社2007年版，第117页。

〔2〕 参见周应江：《家庭承包经营权：现状、困境与出路》，法律出版社2010年版，第173页。

地承包法》并没有弃耕抛荒收回承包地的规定，可见，按照现行有关规定，承包方即使弃耕抛荒的，发包方也不得收回承包地。[1]由此可知，在房绍坤教授看来，《物权法》第131条中所指的"农村土地承包法等法律"仅指《物权法》和《农村土地承包法》这两部法律。

（三）承包地收回制度的基本要素

根据相关法律规定，我国学者对承包地收回的法律效果、发生时点、客体、实施主体已基本形成以下共识：

1. 承包地收回的法律效果为土地承包经营权向后绝对消灭

由我国学者均将承包地收回置于"土地承包经营权消灭的原因[2]或法定事由[3]"中进行研究，即可知：在"承包地收回最直接的法律效果就是土地承包经营权消灭"问题上，我国学界已基本达成共识，笔者赞同这一观点。唯需要进一步说明的是：其一，这里的消灭指的是"绝对消灭"；其二，这里的消灭应不具有溯及效力，即土地承包经营权仅向后失去效力；其三，这里的"土地承包经营权"是指被我国《物权法》定性为"用益物权"的土地承包经营权，不包括有些学者提出的"债权性质的土地承包经营权"。那么，承包地收回引起的法律效果就可以概括为：发生"土地承包经营权向后绝对消灭"的物权变动效力。

2. 承包地收回的发生时点为承包期届满以前

由我国《物权法》第131条，《农村土地承包法》第26、35条关于承包地收回的表述均提到"承包期内"，即可知：承包地收回

---

〔1〕　房绍坤：《物权法·用益物权编》，中国人民大学出版社2007年版，第118页。

〔2〕　参见房绍坤：《物权法·用益物权编》，中国人民大学出版社2007年版，第116页；周应江：《家庭承包经营权：现状、困境与出路》，法律出版社2010年版，第171～173页。

〔3〕　参见尹飞：《物权法·用益物权》，中国法制出版社2005年版，第320页。

并非土地承包经营权因承包期届满而消灭，而是只发生在承包期届满以前，由此引起的土地承包经营权消灭一般是土地承包经营权人预期之外的，是提前到来的、非正常状态的消灭。易言之，由承包地收回而引起的土地承包经营权消灭是在土地承包经营权正常存续过程中，因特定事由或行为的介入而引起的权利消灭，属于一种"非自然状态"的权利消灭。

3. 承包地收回的客体仅限于耕地和草地

由《农村土地承包法》第26条第3款"发包方可以收回承包的耕地和草地"的表述即可知，在承包地收回中，发包方收回的对象只能是耕地或草地，林地因其具有"生产经营周期长、投入大、收益慢、风险大"的特点，不在现行承包地收回制度的射程范围之内。

4. 承包地收回的实施主体为集体土地所有人

由《物权法》第131条、《农村土地承包法》第26条、《土地管理法》第37条等有关规定即可看出，收回承包地行为的实施主体为发包人、发包方或发包单位。我国《农村土地承包法》第12条第1款规定，农民集体所有的土地依法属于村农民集体所有的，由村集体经济组织或者村民委员会发包；已经分别属于村内两个以上农村集体经济组织的农民集体所有的，由村内各该农村集体经济组织或者村民小组发包。该条是根据"谁所有谁发包"的原则来确定发包方的。[1] 由是可知，除"国家所有依法由农民集体使用的农村土地"以外[2]，我国立法上的"发包方"、"发包人"或"发

---

〔1〕 胡康生：《中华人民共和国农村土地承包法释义》，法律出版社2002年版，第35页。

〔2〕 国家所有依法由农民集体使用的农村土地的发包比较特殊，不在本书的射程范围之内。

包单位"就是指集体土地的所有人[1]。

（四）我国承包地收回的各种情形

学者们对现行法涉及的"承包地收回的几种情形"分别从实然与应然的角度进行了讨论，本书将其观点归纳如下：

1. 承包方全家迁入设区的市，转为非农业户口

大多数学者都承认：在承包方全家迁入设区的市，转为非农业户口这种情形下，应当赋予发包方收回承包地的权利。如房绍坤教授指出：根据《农村土地承包法》第 26 条的规定，在承包期内，承包方全家迁入设区的市，转为非农业户口的，发包方可以收回承包的耕地和草地。法律之所以赋予发包方"收回承包地的权利"，主要是因为对于全家进城落户的，他们已经不属于本集体经济组织成员，不宜再享有农村作为生产生活基本保障的土地承包经营权。而且承包方在承包期内全家迁入设区的市并转为非农业户口，就可以享有城市居民的社会保障福利，即使失业也可以领取失业救济金或者补助金，还可以享受最低收入保障。[2]周应江在此基础上作了进一步的补充：《农村土地承包法》和《物权法》都规定承包期内发包人不得收回承包地，但法律有一个例外规定，这具体体现在《农村土地承包法》第 26 条第 3 款的规定。中国现有法律规定的发包方可以收回承包地或者说撤销家庭承包经营权的条件，是极其特殊的，具体体现了家庭承包经营权的身份性和功能保障性。如果允许进入城市的原承包方继续承包原所在农村集体经济组织的土地，则会出现非本集体经济组织成员占用土地这一重要生产资料，而该集体经济组织成员会因人口增加、土地资源有限而难以获得土地的

---

〔1〕　根据《村民委员会组织法》第 8 条，村民委员会具有代理农民集体行使集体土地所有权的经济职能。

〔2〕　房绍坤：《物权法·用益物权编》，中国人民大学出版社 2007 年版，第 117页。

保障的情况。[1]

但是，也有学者持反对意见，认为在此种情形下不应当收回原承包方的承包地。如尹飞教授认为，此种做法不利于鼓励农民进城落户，与我国推动城市化进程、消除城乡二元结构的发展路径不符。允许其继续保留权利并进行流转，更有利于扶持进城的农民创业和定居。

2. 妇女结婚、离婚或丧偶不在原居住地生活而且在新居住地取得了承包地

房绍坤教授对有关该情形的现行法规定（《农村土地承包法》第30条）进行了解读：只有在妇女结婚、离婚或丧偶不在原居住地生活而且在新居住地取得了承包地的情形，发包方才有权收回其承包地。[2]尹飞在此基础上作了进一步的补充：这里的"在新居住地取得承包地"，应当是指通过家庭承包方式取得承包地，而非通过转让等继受取得承包地。此外，婚姻关系中男方入赘，也应当准用这一规定。

另外，关于该承包地收回情形在实践中的可行性，尹飞提出：实践中，集体经济组织预留的机动地有限，妇女很难在结婚或者离婚、丧偶后，在新的居住地取得承包地。因此，目前的做法在实践中反而可能因两个集体经济组织相互推诿，而使保护妇女合法权益的目的无法实现。故而，规定妇女因婚姻关系发生或消灭后，其有权将其承包地分出或者集体经济组织应当将其承包地分出，使其单独享有农村土地承包经营权较为妥帖。此种情况下，妇女可以自行

---

〔1〕 参见周应江：《家庭承包经营权：现状、困境与出路》，法律出版社2010年版，第172～173页。

〔2〕 参见房绍坤：《物权法·用益物权编》，中国人民大学出版社2007年版，第117页。

对该土地进行农业生产，或者将之流转。[1]

3. 发包方对个别农户间的承包地进行调整

对于《农村土地承包法》第 27 条关于"在特定条件具备时，发包方对个别农户间的承包地进行调整"的规定，学者们分别从不同角度阐述了观点。周应江将"个别调整"定位为家庭承包经营权的创设方式之一：个别调整，是在特定条件下对个别农户之间承包的土地进行调整，从而创设或者消灭家庭承包经营权的方式。在现行的法律下，个别调整受到严格的限制。承包期内不得调整承包地是一项基本的原则。个别调整是在统一发包后为满足成员平等的承包请求权而采取的法定方式。但从另一方面他也指出，承包地的个别调整中也包含了"承包地的收回"：从法律后果看，个别调整的方式，对于通过调整而获得承包地的农户来说，是创设取得了该承包地的承包经营权，对于因调整而丧失承包地的农户来说是消灭了其原来的该承包地上享有的承包经营权。[2]尹飞对承包地个别调整的权利运行机制进行了分析：《农村土地承包法》第 27 条对承包地的调整进行了严格限制。在依法调整的情况下，就意味着承包合同变更，从而导致被调整的土地承包经营权消灭。[3]可见，在尹飞教授看来，承包地的调整是通过"对原承包合同的变更"而产生"被调整承包地上原有的土地承包经营权消灭"的法律效果。

另外，有学者从承包地个别调整的实践运行逻辑的角度进行分析，指出承包地调整制度本身存在的问题：现有法律为了稳定家庭承包关系，原则上不允许发包方在承包期内调整土地，法律只允许

[1] 参见尹飞：《物权法·用益物权》，中国法制出版社 2005 年版，第 323～324 页。

[2] 参见周应江：《家庭承包经营权：现状、困境与出路》，法律出版社 2010 年版，第 83～84 页。

[3] 参见尹飞：《物权法·用益物权》，中国法制出版社 2005 年版，第 321 页。

在特殊情况下，在个别农户之间进行承包地调整，并要遵循严格的条件和程序。但实际的情况是，农村集体经济组织内部调整土地的现象一直存在，并且不同的农村集体经济组织调整土地的次数和幅度也各不相同。显而易见，国家的法律要求，在农村土地承包实践中并没有得到完全的遵守。[1]有学者经过研究认为，在乡村实践中，土地调整规则具有不确定性，至少存在四种影响土地规则变动的要素，它们是国家政策、村干部决策、集体意愿、当事人约定。其中的每一种都可能成为选择土地规则的力量，但并不必然成为决定性力量，而要视具体情形。人们根据实际利益和力量对规则做出取舍，他们的行为方式是根据当前利益对规则进行权衡，而不是根据规则权衡利益是否正当。[2]由于受到集体经济组织内外的不同群体的利益、影响力、力量和机会的主导，发包方实际行使"承包地调整权"的时候，只能根据实际的需要作出选择而难以遵行法律确定的程序和规则，因此可以认为，发包方并没有遵循一个确定的规则或原则来行使调整土地的职权。发包方行使土地调整权力的不确定性，直接导致了承包方在权利取得和权利保有上的不确定性。承包地调整造成的地权不稳定，影响了土地投入、农业经营绩效和家庭承包经营权的流转。[3]

4. 承包方连续2年弃耕抛荒

尽管我国《土地管理法》第37条对于"承包方有对其承包的土地连续2年弃耕抛荒的情形，发包方是否可以收回承包地"的问题，已经作出明确规定，但是多数学者均不承认。学者们分别从现行有关规定（法律、行政法规及地方性法规的规定）、司法实践、立法政策选择的合理性、引起摆荒问题发生的原因等多个方面论述了反对的理由：首先，从现行法律来看，房绍坤教授指出，尽管《土地管理法》第37条第3款和《基本农田保护条例》第18条第2款都规定了，承包经营耕地（基本农田）的单位或个人连续2年弃耕抛荒的，原发包单位应当终止承包合同，收回发包的耕地（基本农田）。但是，《物权法》、《农村土地承包法》并没有弃耕抛荒收回承包地的规定。从行政法规、地方性法规来看，根据2004年4月30日国务院办公厅发出的《关于妥善解决当前农村土地承包纠纷的紧急通知》要求："要严格执行《农村土地承包法》的规定，任何组织和个人不能以欠缴税费和土地摆荒为由收回农户的承包地，已收回的要立即纠正，予以退还。"一些地方的法规中也对"弃耕抛荒问题"作出了规定，如《浙江省实施〈中华人民共和国农村土地承包法〉办法》第51条规定："承包方无正当理由弃耕抛荒2年以下的，由乡（镇）人民政府给予警告。发包方可以组织代耕，耕作收益归代耕者。"《安徽省实施〈中华人民共和国农村土地承包法〉办法》第28条也规定："承包期内，外出农户回乡要求继续耕作其承包地的，外出农户在收回承包地时，应当给予代耕方适当的经济补偿。"可见，按照现行有关规定，承包方即使弃耕抛荒的，发包方也不得收回承包地。[1]尹飞也持类似观点：按照《土地管理法》第37条的规定，承包经营耕地的单位或者个人连续2年弃耕抛荒的，原发包单位应当终止承包合同，收回发包的耕地。此种做法旨在充分利用土地。但是，《农村土地承包法》未重申《土地管理法》第37条的规定，这表明在农村土地问题上，立法者

---

[1]　参见房绍坤：《物权法·用益物权编》，中国人民大学出版社2007年版，第118页。与此相类似的观点还有周应江：《家庭承包经营权：现状、困境与出路》，法律出版社2010年版，第174页。

稳定土地长期承包关系，尽量减少收回土地事由的考虑。[1]其次，在司法实践方面，发包方因承包方弃耕抛荒而收回承包地的，人民法院不予支持。根据《最高人民法院关于审理涉及农村土地承包纠纷案件适用法律问题的解释》第 6 条第 1 款的规定，"因发包方违法收回、调整承包地，或者因发包方收回承包方弃耕、撂荒的承包地产生的纠纷，按照下列情形，分别处理：①发包方未将承包地另行发包，承包方请求返还承包地的，应予支持；②发包方已将承包地另行发包给第三人，承包方以发包方和第三人为共同被告，请求确认其所签订的承包合同无效、返还承包地并赔偿损失的，应予支持。但属于承包方弃耕、撂荒情形的，其赔偿损失的诉讼请求，不予支持"。土地承包经营权人弃耕抛荒的，发包方收回承包地在司法实践上是不受保护的。[2]最后，在立法政策的应然选择上，房绍坤教授提出了另外一种"承包方弃耕抛荒"问题的解决办案并说明了理由：在承包方弃耕抛荒的情况下，不宜采取由发包方收回承包地的做法，而应实行由发包方委托他人代为耕作抛荒承包地的做法。一方面，可以使土地承包经营权人继续享有土地承包经营权，从而使其不丧失最后的生活保障措施；另一方面还有利于保护承包地，从而可以使承包地的地力得以维持。[3]尹飞从分析"土地撂荒的原因"入手，提出了"承包方弃耕抛荒"问题的应然解决方案：土地撂荒的原因是多种多样的，如税费太高、生产成本过高、主要劳动力重病或死亡等。因此，解决土地撂荒，首先是取消农民税费，减轻农民负担，使农业生产有利可图。事实上，在中央取消农

---

〔1〕 参见尹飞：《物权法·用益物权》，中国法制出版社 2005 年版，第 322 页。

〔2〕 参见房绍坤：《物权法·用益物权编》，中国人民大学出版社 2007 年版，第 118 ~ 119 页。

〔3〕 参见房绍坤：《物权法·用益物权编》，中国人民大学出版社 2007 年版，第 118 页。

业税后大批农民工重返土地，土地撂荒现象大大减少，正说明了土地撂荒根本原因之所在。无视这一根本性的原因，以社会共同利益为由强行要求农民赔本耕作，无异于强迫农民劳动，有悖以人为本的现代法治理念。即便由于其他原因导致撂荒，笔者认为，对于家庭承包的土地，也不应当以撂荒为由收回。而应当由集体经济组织通过组织人员义务劳动、代为出资雇佣他人耕作等方式避免土地撂荒，他人也可以对之进行无因管理来避免土地闲置。对于其他方式承包的土地或者通过流转而继受取得的承包地，则可以通过收取相应的违约金等方式督促其开发，长期迟延经催告后仍然不予使用的，可以考虑收回，而不宜直接收回。[1]

然而，也有学者赞同"在承包方连续 2 年抛荒弃耕时由发包方收回其承包地"的做法，认为从社会共同利益出发，不得撂荒应当是一项法定义务，当事人不得通过合同约定加以改变。如果抛荒达到一定程度，则应当作为收回土地的理由。[2]

5. 承包方改变土地的农业用途或者给土地造成永久性损害

多数学者均不承认此种情形下发包方具有收回承包地的权利，其理由主要是该种情形下发包方收回承包地缺乏法律依据。如周应江指出：结合现行法有关规定（其主要指《物权法》第 131 条，《农村土地承包法》第 60 条，《土地管理法》第 74、77 条），基于承包期内发包方不得收回承包地的原则，在法律没有规定发包方可以在承包方将承包地用于非农建设或者破坏承包地地力而收回承包地的情况下，发包方不能收回承包地；但是承包方应该承担损害赔偿的民事责任，并依法承担行政责任甚至刑事责任。[3]房绍坤教授

---

〔1〕　参见尹飞：《物权法·用益物权》，中国法制出版社 2005 年版，第 323 页。

〔2〕　参见孟勤国：《物权二元结构论》，人民法院出版社 2004 年版，第 237 页。

〔3〕　参见周应江：《家庭承包经营权：现状、困境与出路》，法律出版社 2010 年版，第 173 页。

也提到，从现行法的规定（《土地管理法》第74、77条）来看，对于"土地承包经营权人违反义务，改变承包地的农业用途或者没有合理保护承包地"的情形，发包方不得收回承包地，但土地承包经营权人有义务改正、治理。[1]

（五）对承包地收回研究现状的总体评述

从我国学界有关承包地收回制度的现有研究成果来看，学者们已经针对承包地收回的法律效果、发生事由以及在实践中存在的一些问题进行了初步的探讨，这为进一步的理论研究及制度完善奠定了基础。然而，现有研究仍然存在一定的不足，具体可归纳为以下几点：

1. 欠缺以权利义务为逻辑线索的法律思维

农村承包地收回作为一项法律制度，已经事实地存在于我国农村土地法律秩序当中，然而，其在立法上的表述——"承包地收回"乃对一生活事实的描述，并非严谨的法律概念。相关规范和学者的定义也仅着眼于直接白描发包方自承包方处收回其承包地这一事实状态，而非借由权利义务这一逻辑线索明确发包方与承包方双方基于此一事实生发的权利义务关系，即发包方基于何种权利得收回承包地，由此，发包方"收回承包地"这一事实游离于法律思维的成就之外，如果"承包地收回"这一生活事实不能演绎为由意义明确的法律概念构成的法律结构，就不能转化为法律问题，也就不能通过法律的逻辑加以处理。

2. 缺少体系化的整体思维

任何法律制度都不是孤立地存在于法秩序当中的，然而，现有研究大多仅着眼于对个别条文的解读，而未能将承包地收回作为一项法律制度、将各法律规范视做有关承包地收回之规整的有机组成

部分进行研究，更未注重承包地收回制度与其他相关法律制度之间的衔接与配合。这无法对承包地收回的法律意义、规范模式、基本类型、构成要件、法律效果等重要环节进行理论构造，也无法对现行各相关规范在规整内的地位及其相互之间的逻辑关系（法律适用关系）作出清晰界定、发现并填补现行法律中存在的漏洞。《物权法》已将农村土地承包经营权界定为用益物权，而承包地收回最直接的法律效果就是引起土地承包经营权消灭，那么，我们就可将承包地收回制度定位为用益物权消灭之原因，将其与期限届满、标的物灭失、混同等法律制度相并列，确定其在民法体系中的位置；按照土地所有权与用益物权的运行逻辑，梳理承包地收回的法律结构，以作为土地所有权人的发包方与作为用益物权人的承包方间的权利义务关系为线索，描绘承包地收回在法律世界中的图景。借助权利逻辑，将承包地收回制度镶嵌到法律体系之中，使其与其他制度相互支撑，得到来自体系的支持，形成整体的强度，获得发挥实效的必要条件。

3. 对制度有效运行的实施机制及必要条件缺乏研究

在社会现实与法律条文之间往往存在一定的距离。如果我们的研究只注重法律条文的解读和理论体系的构设，而忽视该制度在社会生活中的实际运行状况，那么这种研究只能是形式的、书面上的研究，而不是功能的、具有实践价值的研究。在对一项法律制度的研究中，学者应当对该制度面对的社会问题、在社会上实际运行的效果以及对法律实施主体产生的影响等有清醒而全面的认识。现有的研究成果对于承包地收回制度所处在的政治经济背景、社会背景以及法律制度背景，均没有给予足够的关注，对当下中国承包地收回制度的价值取向与功能定位、规范模式的选择、制度运行的正当程序等均缺乏准确的判断和谨慎的论证。

4. 过于注重实体性研究而忽视程序性研究

承包地收回的法律后果为引起土地承包经营权的消灭，这将直接导致承包方丧失最基本的生活保障，关涉其利益重大。程序是法治和恣意而治的分水岭。为了对发包方收回承包地的行为形成合理制约、督促其履行法定职责、强化土地承包经营权的保护以兼顾承包方的利益，法律应当为承包地收回设置必要的正当程序。然而，以往的研究主要专注于对承包地收回的法律效果、发生事由、适用的承包地客体范围等实体性问题的探讨，而对于"发包方权利的行使须符合哪些程序要件；行使权利之法律行为的成立条件为何，是否须作成书面形式；由承包地收回引起的土地承包经营权消灭应适用怎样的物权变动规则，是否以完成物权公示为必要"等程序性法律问题，中国民法学界尚未展开充分的讨论，更未形成成熟的观点。

四、本书的研究思路及研究框架

本书按照从规范解读到制度建构的研究思路，运用法律思维，将"承包地收回"这一生活事实演绎为由意义明确的法律概念构成的法律结构，从而将承包地收回这一生活问题转化为法律问题，通过法律的逻辑加以处理，揭示该生活事实的全部法律意义，描绘其在法律世界中的图景。基于《物权法》已将农村土地承包经营权界定为用益物权，本书将按照土地所有权与用益物权的运行逻辑，重新梳理承包地收回的法律结构，以作为土地所有权人的发包方与作为用益物权人的承包方间的权利义务关系为线索，以土地行政管理权的行使为制度运行的补充和保障，以物权法基本原理（主要为用益物权的终止理论和物权变动理论）和形成权理论为理论资源，运用类推适用、反面推论等法律解释方法和法律漏洞填补方法，依据法律规范中所涵蕴的规范意旨，阐明发包方收回承包地的权利基础，整理承包地收回的发生事由，规范承包地收回的运行程序，明确承包地收回的法律效果。在物权法的制度框架内，遵循物权法基本原理构造的承包地收回规范体系能够使农地继续发挥其作为农村社会保障的功能，从而证成：农地社保功能的发挥与土地承包经营权的用益物权属性及物权法基本理念并非水火不容，完全能够运用物权法现有的技术资源，达成"既保全土地承包经营权的用益物权属性，又使其成为发挥农村土地社会保障功能之法律手段"的立法目标。

在制度的实施机制方面，多以任意性规范和程序性规范取代强制性规范和实体性规范，成为法律制度的主体部分。凭借私人权利的行使，而非公权力的发动，即以权利、义务、责任机制的运行推动秩序的生成，在承包地收回法律关系中当事各方之间形成"横向的利益互动"，而非"纵向的隶属强制"，使承包地收回制度成为由权利义务机制驱动的装置，推动其保障农民的生存利益和合理利用土地双重制度功能的实现。承包地收回制度以法律的形式强化农民集体之私权主体地位，淡化其行政职能。通过将"承包方对土地的使用情况及其成员资格的享有情况"与"集体内其他成员的自身利益"相勾连，促进"以农民行使成员权、积极参与集体公共事务驱动的，建立在成员民主决策基础之上的"农民集体意思形成及表达机制的完善。这对于以本集体土地平等保障集体成员基本生活、为农业生产供给必需的农村公共品、为村民自治提供必要的经济基础，推进社会主义新农村建设，都具有重要的意义。

遵循法的利益平衡原则和比例原则，在承包地收回制度中为发包方权利的行使设置明确的发生条件和正当程序、赋予承包方以异议权，从而对发包方的收回行为形成合理制约、督促其履行法定职责，强化对土地承包经营权人合法权益的保护，避免其遭受不必要的损失。使重构后的承包地收回制度能够平衡土地所有权（集体土地所有权）与用益物权（农村土地承包经营权）的关系，结合中国社会的实际情况，使所有权与用益物权各得其所，注意纠正刻意强调任何一方而虚化或悬置另一方的两极思维，建立良性的所有权与用益物权关系。借助以权利逻辑重构的承包地收回制度厘清土地行政管理权、集体土地所有权、土地承包经营权三者之间的权利（力）界限，最大限度克服立法模糊制的可能弊端。最终使国家（土地行政管理的主体）、村社集体（集体土地所有权人）及农户（土地承包经营权人）在三者的博弈当中，都获得名实相符的法律地位。

按照这一思路重构的承包地收回制度将为集体财产利益的保护提供更为完善的法律救济机制，强化集体土地所有权在农村土地权利体系当中的地位和作用，切实赋予其作为所有权应当具有的权能内容。使承包地收回制度成为农民集体所有权的支点，并将其镶嵌到法律体系之中，与其他制度相互支撑，得到来自体系的支持，凭借制度的整体强度，获得发挥实效的必要条件。这将使利用既有的学理资源弥补制度漏洞成为可能，也可以为立法的将来完善奠定基础。

本书的研究框架为：全文共分为两部分。其中第一、二两章构成第一部分，主要从法的规范模式层面对承包地收回制度进行梳理和探讨。具体来讲，第一章以法律实证分析方法，对我国现行的与农村承包地收回有关的法律文本进行系统整理，在提炼出承包地收回制度基本要素的基础上，指出我国承包地收回制度的现行法规范模式为"权力驱动型"规范模式。对承包地收回制度实际运行状况的现实考察表明：权力驱动型规范模式下的承包地收回制度已经陷入"制度实施的内在驱动力严重不足"的困境并且已经造成大量失范现象，应及时扭转指导观念上的偏差，使我国承包地收回制度实现由"行政权力驱动型"到"权利行使型"的规范模式转向。

第二章将"承包地收回"的法律意蕴诠释为"终止权及其行使"，从而将承包地收回这一生活问题转化为法律问题，为通过法律的逻辑处理承包地收回问题，构建"权利行使型"规范模式的承包地收回制度，奠定坚实的理论基础。然后，从"终止权的性质属于形成权"这一基本认识出发，在对相关的形成权基本理论进行系统梳理、对其中几个基础性问题作深入探讨和清晰阐述的基础之上，对终止权的理论体系予以展开。这为我们进一步研究终止权的发生、行使及生效机制提供了理论基础和分析平台。最后，本书对"承包地收回的法律结构只能演绎为土地承包经营权因土地所有权人行使终止权而消灭"进行证成。

　　后三章构成本书的第二部分，以前文的研究成果为理论基础和分析平台，对承包地收回制度的具体运行机制展开深入的讨论：第三章以终止权的取得作为承包地收回的发生机制。在探明现行法规范意旨的基础上，从解释论及立法论的层面，运用类推适用、反面推论等方法，将有关承包地收回之发生事由的法律规则整合成一套结构清晰、逻辑一贯、准确体现立法意图的规范体系。终止权取得的实质要件为"承包地收回之法定发生事由成就"，终止权取得的程序要件为"发包方已经履行正当前置程序"，其共同构成终止权取得的条件。

　　第四章以终止权的行使理论重构承包地收回的实施机制。根据"终止权行使的效果是否需要借助法院判决予以认定"，将终止权分为单纯形成权性质的终止权和形成诉权性质的终止权，从而确立"通过作出单方意思表示"和"通过提起形成之诉"两种终止权的行使方式。然后，为了防止终止权的滥用，充分保护终止权相对方（土地承包经营权人）的利益，维护土地承包经营权权利状态的明确及安定，对终止权人（土地所有人）行使终止权的单方意思表示的内容、行使期间、行使方式作出严格限定；赋予土地承包经营权人向法院提起"异议之诉"的权利。最后，对土地所有人提起"土地承包经营权终止之诉"行为的性质、诉讼请求的内容、双方当事人的举证责任、法院审查的对象、法院判决的效力范围作出分析和界定。

　　第五章以终止权的实现理论构造承包地收回的生效机制。以"终止权行使的法律效果为发生土地承包经营权消灭的物权变动效力"这一基本认识为出发点，根据现行物权法秩序基本思想，运用体系解释方法，在理清其所属规整内相关条文间勾连关系的基础上，对土地承包经营权变动模式相关现行法规范作出适切的解释。提出并证成土地承包经营权的变动仍遵循《物权法》第6条确立的"公示要件主义"物权变动模式，其虽不以登记为必要，但仍以完成"法律许可的、能为外界所查知的其他物权公示方式"为必要。在究明土地承包经营权变动模式的基础上，对仅依法律行为而实现的终止权和依法院判决而实现的终止权之生效条件分别进行梳理和归纳。最后，本书对土地承包经营权因终止权的行使而消灭以后，承包地及其上的工作物、农作物的处置以及原土地承包经营权人再次要求承包本集体土地的权利，提出制度设计方案。

承包地收回的现行法规范模式

——权力驱动型

现行立法并未对承包地收回制度作出集中统一的规定，其相关法律规范散见于我国《物权法》、《农村土地承包法》、《土地管理法》等法律当中。到目前为止，学界尚未有学者将"承包地收回"作为一项法律制度予以研究，对承包地收回相关法律规则也未有系统的归纳和整理。因此，在展开本书的论述之前，有必要将承包地收回的相关规范按照一定的逻辑结构进行梳理。

第一节 现行承包地收回制度的梳理

一、承包地收回的原则

我国《物权法》第131条规定，承包期内发包人不得收回承包地[1]。农村土地承包法等法律另有规定的，依照其规定。该条蕴

---

〔1〕《农村土地承包法》第26条第1款、第27条第1款也作出了与此类似的、关于"承包期内发包方不得收回（或调整）承包地"的规定。需要予以说明的是：承包地的"调整"，是指承包期内发包方将个别农户的承包地收回，再将其分配给其他农户的行为，因此，对于承包地被收回的农户来说，承包地的"调整"实际上就是承包地的"收回"，因此，本书将"承包地调整"也视为"承包地收回"的一种情形，一并研究。

论我国农村承包地收回制度的权利逻辑

含了三层涵义：

第一，立法者出于保护土地承包经营权、稳定土地承包关系的考虑，对"承包地收回"作出原则性规定——承包期内发包人不得收回承包地。这就是说，立法无须再对"哪种情形不得收回承包地"作出具体规定，只要是《农村土地承包法》等法律没有明文规定"可以或应当收回承包地"的情形，发包方就不得收回承包地。因此，《农村土地承包法》第35条有关"承包期内，发包方不得单方面解除承包合同，不得假借少数服从多数强迫承包方放弃或者变更土地承包经营权，不得以划分'口粮田'和'责任田'等为由收回承包地搞招标承包，不得将承包地收回抵顶欠款"的规定，仅具有权利宣誓作用（强调土地承包经营权的物权属性）并无法律适用上的实际意义。

第二，由"农村土地承包法等法律"的表述可知，立法者已经放弃了尽收所有关于"承包地收回之事由"的法律规范于一法的想法，而是通过其他相关法律的外接，共同构造承包地收回法律制度。尤其应当注意的是，该条的表述为"农村土地承包法等法律另有规定的"而非"农村土地承包法另有规定的"。可见《物权法》并未赋予《农村土地承包法》垄断承包地收回事由的地位，包括但不限于《土地管理法》的其他法律同样可以依据《物权法》第131条的规定，基于特定的政策目标，对承包地收回的情形作出具体规定。

第三，《物权法》第131条关于"不得收回承包地"这一原则性规定的性质为"法的强制规定中的强行规范"[1]，当事人不得以

---

[1] 同为法的强制规定，又可分为"权限规范"和"强行规范"。前者强制的是权限范围，法律并不禁止当事人通过强制之下的"进一步"交易达成其目的；而后者强制的是行为本身，当事人任何替代的安排都属于实质违反强行规定的脱法行为，不应使其达到目的。参见苏永钦：《走入新世纪的私法自治》，中国政法大学出版社2002年版，第19~20页。

约定排除该条的适用,易言之,"承包地收回的事由"只能由法律作出规定,不允许当事人自由约定,当事人在法律明文规定之外的任何关于承包地收回事由的约定都不发生法律效力,这体现了物权法定原则,《农村土地承包法》第55条更具有针对性的规定,承包合同中违背承包方意愿或者违反法律、行政法规有关不得收回、调整承包地等强制性规定的约定无效。

二、承包地收回的发生事由

(一) 法律直接作出规定的承包地收回事由

1. 承包方全家迁入设区的市且转为非农业户口

《农村土地承包法》第26条第3款规定,承包期内,承包方全家迁入设区的市,转为非农业户口的,应当将承包的耕地和草地交回发包方。承包方不交回的,发包方可以收回承包的耕地和草地。"农地之农村社保功能的发挥"要依托于土地承包经营权制度(在用益物权的制度框架内)来实现,具体到规则设计上:由于土地承包经营权设定的目的,即村民集体为本集体成员无偿设定土地承包经营权的初衷,就是"以集体有限的土地平等保障本集体内成员的基本生产生活",因此,"享有本集体成员资格"是农户无偿取得土地承包经营权的前提条件。基于相同的逻辑,"本集体成员资格的丧失"自然就成为土地承包经营权丧失的法定事由。当承包方全体家庭成员迁入设区的市,转为非农业户口后,他们就已不再属于原农村集体经济组织的成员(丧失了原集体成员资格),因此,不宜再享有作为"农民生产生活基本保障"的土地承包经营权。

同时,相对于小城镇而言,在设区的市,社会保障制度比较健全,承包方即使失去了稳定的职业或者收入来源,一般也可以享受到城市居民最低生活保障等社会保障。如果允许承包方保留其承包地,就会使其既享有土地承包经营权,又享有城市的社会保障,有悖于社会公平。而且，在设区的市，就业机会相对较多，承包方可以通过多种渠道实现非农就业，获得生活保障，其在农村享有的土地承包经营权所具有的基本生活保障的功能大大弱化。而在我国农村，由于人多地少，大部分地区存在人地矛盾。为缓解农村人地矛盾，发展农村经济，在这种情况下，承包方应当将其承包的土地交回发包方，使留在农村的农民有较多的土地耕种。[1]

2. 自然灾害严重毁损承包地

《农村土地承包法》第 27 条第 2 款规定，承包期内，因自然灾害严重毁损承包地等特殊情形对个别农户之间承包的耕地和草地需要适当调整的，必须经本集体经济组织成员的村民会议 2/3 以上成员或者 2/3 以上村民代表的同意，并报乡（镇）人民政府和县级人民政府农业等行政主管部门批准。承包合同中约定不得调整的，按照其约定。与《物权法》第 131 条的立法思想相同，《农村土地承包法》第 27 条第 1 款对 "承包地的调整" 作了原则性规定——承包期内，发包方不得调整承包地。但是考虑到耕地与草地的承包期相当长（耕地的承包期为 30 年，草地的承包期为 30 ~ 50 年），几乎是农村两代人的时间。在承包期内，如果出现了 "各农户的家庭成员数发生变动" [2] 以及 "个别农户的承包地因自然灾害而被严重毁损或被依法征收" 等情形而造成本集体内各农户的 "人均农地占有量" 严重不等（人地矛盾突出），这样就偏离了土地承包经营权 "以本集体土地平等保障本集体成员基本生产生活" 的设定初衷，也不利于农村社会的稳定。因此，立法规定，在此种情形下，可以对个别农户之间的承包地作适当调整，即集体将人口减少的农户家庭 "相对过剩的承包地" 收回并将其分配给因人口增加或承包

---

〔1〕 参见胡康生主编：《中华人民共和国农村土地承包法释义》，法律出版社 2002 年版，第 74 页。

〔2〕 通常因农户成员出生、死亡、出嫁、入赘、迁入、迁出而引起。

地被毁损、征收而急需承包地的农户家庭。

这里的"因自然灾害严重毁损承包地等特殊情形"是指以下三种情形：其一，部分农户因自然灾害严重毁损承包地的；其二，部分农户的土地被征收或者用于乡村公共设施和公益事业建设，丧失土地的农户不愿意"农转非"，不要征地补偿等费用，要求继续承包土地的；其三，人地矛盾突出的。人地矛盾突出一般是指因出生、婚嫁、户口迁移等原因导致人口变化比较大，新增人口比较多，而新增人口无地少地的情形比较严重，又没有其他生活来源的。[1]

值得注意的是，仅有上述情形的发生并不必然导致"承包地收回之事由"的成就，还须具备两个要件：其一，须完成必要的法定程序，即必须经本集体经济组织成员的村民会议 2/3 以上成员或者 2/3 以上村民代表的同意，并报乡（镇）人民政府和县级人民政府农业等行政主管部门批准。其二，承包合同中没有"不得调整承包地"的约定。由该条中"承包合同中约定不得调整的，按照其约定"的规定可知，承包合同当事人可通过约定排除该条关于"允许调整承包地"规则的适用。

3. 承包方连续 2 年弃耕抛荒

《土地管理法》第 37 条第 3 款规定，承包经营耕地的单位或者个人连续 2 年弃耕抛荒的，原发包单位应当终止承包合同，收回发包的耕地。我国的人均耕地面积极为有限，要解决 13 亿人口的农产品供给问题就必须保证耕地资源被合理、高效地利用，为此，我国实行严格的基本农田保护制度：立法首先为农地使用人设置"保

---

〔1〕　参见胡康生主编：《中华人民共和国农村土地承包法释义》，法律出版社 2002 年版，第 77 页。

护与合理利用耕地"的法定义务[1]，进而对毁损、闲置、荒芜耕地等违反该项法定义务的行为采取严厉的措施。这里所讲的保护，是指承包经营方对土地生态及其环境的良好性能和质量的保护。为此，承包经营方为保护土地的生产能力要采取整治和管理措施，要保护土地生态环境、提高土地利用率、防止水土流失和盐渍化等[2]。很显然，土地承包经营权人对承包地"连续2年弃耕抛荒"，没有对土地采取整顿和管理措施，降低了土地的利用率，甚至可能造成水土流失，是对这项法定义务的违反。《土地管理法》第37条第3款对"连续2年弃耕抛荒"这种违反保护与合理利用土地之法定义务的行为设置了法律后果——发包方得收回承包地。该条款之规范意旨在于维护我国耕地保护制度的有效实施、促使土地承包经营权人履行"保护与合理利用土地"之法定义务。

（二）法律间接作出规定的承包地收回事由

关于"发包方可以或应当收回承包地"的事由，除以上三种法律直接作出规定的情形外，还存在两种法律间接作出规定的情形。这里的"间接规定"是指法律条文中虽未明文规定"在某种情形下发包方可以收回承包地"，但运用反面推论解释方法可以推导出"在某情形下，发包方可以或应当收回承包地"的法律规则。

1. 因农户成员迁出引起其原所在农户家庭消亡

《农村土地承包法》第30条规定，承包期内，妇女结婚，在新居住地未取得承包地的，发包方不得收回其原承包地；妇女离婚或者丧偶，仍在原居住地生活或者不在原居住地生活但在新居住地未

---

[1] 我国《宪法》第10条第5款规定，一切使用土地的组织和个人必须合理地利用土地。《土地管理法》第14条第1款也规定，承包方有保护和按照承包合同约定的用途合理利用土地的义务。

[2] 参见卞耀武、李元主编：《中华人民共和国土地管理法释义》，法律出版社1998年版，第77页。

取得承包地的，发包方不得收回其原承包地。如前所述，《物权法》第131条已经对承包地收回作了原则性规定——承包期内，除《农村土地承包法》等法律另有规定的情形外，原则上，发包人不得收回承包地。按照法秩序（承包地收回之规整）的内在逻辑，法律已无须再设专门条款具体规定哪种情形"不得收回"承包地。那么，《农村土地承包法》第30条如此累赘的规定，从立法技术的角度来看，似乎除了具有高度重视农村妇女权益的保护这一价值宣示作用之外，并无法律适用上的实际价值。[1]

然而，对该条文作进一步的思考，我们会发现：该条文除了有"强调对妇女权益的保护，在土地承包问题上，农村妇女享有与男子同等的权利"这层含义外，还蕴含着另外一层含义——间接地对"当农户家庭成员由原居住地迁入新居住地，取得新居住地集体经济组织成员资格时，原居住地的发包方得否收回其承包地"问题作出了规定。按照中国当前立法，以家庭承包方式取得土地承包经营权的承包方是本集体经济组织的农户。农户家庭中部分成员死亡或迁出（失去本集体经济组织成员资格）的，由于作为承包方的农户仍然存在，因此不发生"承包地收回"的问题，由农户家庭中的其他成员继续承包。[2]在此，该条只需解决"因农户家庭成员迁出而导致其原农户家庭消亡的（即农户全体家庭成员迁出），原居住地的发包方得否收回其承包地"的问题。

按照《农村土地承包法》第30条的规定，对于"迁出成员在新居住地尚未取得土地承包经营权"的情况，即使迁出成员已经失去了原居住地集体经济组织成员资格，其仍可继续享有在原居住地

---

〔1〕　参见陈小君等：《农村土地法律制度研究——田野调查解读》，中国政法大学出版社2004年版，第359页。

〔2〕　参见胡康生主编：《中华人民共和国农村土地承包法释义》，法律出版社2002年版，第86页。

的土地承包经营权，发包方不得收回其承包地；对于"迁出成员已经在新居住地取得了土地承包经营权"的情况，法律未设规定，然此并非立法者有意不予规定，而是属于法律之漏洞。应依据《农村土地承包法》第30条之规范意旨，运用反面推论方法，对该漏洞进行填补：由于土地承包经营权具有农村基本生活保障的功能，当迁出成员已经在新居住地取得了土地承包经营权（即已经在新居住地享受到了农村基本生活保障）时，为维护社会公平（避免其获得两份承包地），缓解人地矛盾，应当由原居住地的发包方收回其原承包地。由此，我们可推导出另一条关于"承包地收回之法定事由"的法律规则——在因农户成员迁出导致其原所在农户家庭消亡且该迁出成员在新居住地已取得土地承包经营权的情况下，原居住地的发包方得收回其原承包地。

2. 农户全体成员死亡导致农户家庭消亡

《农村土地承包法》第31条第2款规定，林地承包的承包人死亡，其继承人可以在承包期内继续承包。该条文的字面表述似乎和"承包地收回的事由"丝毫没有关系，但是，我们只要运用"反面推论"就可以得出这样一条关于"承包地收回事由"的法律规则——承包期内，承包耕地或草地的土地承包经营权人死亡（农户全体家庭成员死亡），其承包地不允许继承，应当由集体经济组织收回。事实上，全国人大常委会法制工作委员会也是运用反面推论的方法对《农村土地承包法》第31条第2款作出进一步的解释：本条是关于土地承包经营权能否继承的规定。由于我国集体经济组织内部人人有份的家庭承包是以户为生产经营单位进行承包的，因此，只有在因承包人死亡，承包经营的家庭消亡的情况下，才存在是否允许继承的问题。农村集体经济组织内部人人有份的家庭承包是农村集体经济组织成员的一项权利，具有成员权的性质和保障农民基本生活的功能，如果承包时承包方的继承人不是该集体经济组织的成员，在其他农村集体经济组织或者城镇落户，也就没有对土地承包经营权的继承权；如果承包方的继承人是本集体经济组织的成员，如果其已经依法承包了一份土地，再允许其继承，将因继承而获得两份承包地，在我国目前农村人多地少，人地矛盾比较突出的情况下，有失公平。因此，从我国的实际情况出发，为缓解人地矛盾，体现社会公平，对因承包人死亡，承包经营的家庭消亡的，其承包地不允许继承，应当由集体经济组织收回。[1]房绍坤教授也指出，结合《农村土地承包法》的规定以及相关的立法说明，对土地承包经营权的继承问题，应作如下理解：在家庭承包经营权中，只有林地承包经营权才能继承，其他的土地承包经营权不发生继承问题。这是因为：在家庭承包中，即使家庭中某个或部分家庭成员死亡，作为承包方的农户依然存在。如果家庭成员全部死亡，而最后一个死亡的家庭成员的继承人又不是集体经济组织的成员，那么此时土地承包经营权应当归于消灭，否则将损害集体经济组织其他成员的权益。[2]

三、承包地收回的法律后果

《农村土地承包法》第26条第4款规定，承包期内，承包方交回承包地或者发包方依法收回承包地时，承包方对其在承包地上投入而提高土地生产能力的，有权获得相应的补偿。承包方在交回承包地或者发包方依法收回承包地时，为使承包方在承包地上的资产投入得到补偿，如承包方对盐碱度较高的土地或者荒漠化的土地进行治理，使其成为较为肥沃的土地，发包方应当对承包方因治理土

---

〔1〕　胡康生主编：《中华人民共和国农村土地承包法释义》，法律出版社2002年版，第87页。

〔2〕　房绍坤：《物权法·用益物权编》，中国人民大学出版社2007年版，第91页。

地而付出的投入给予相应的经济补偿[1]可见，发包方收回承包地时，对承包方的补偿仅限于"承包方之前在承包地上有益的资金投入"，而对于"其土地承包经营权的丧失"并不给予任何补偿。

第二节　权力驱动型规范模式的构成

一、承包地收回的依据为国家对农村土地的行政管理权

我国确保农村土地资源被合理利用及其农村社会保障功能有效发挥的法律制度是按照"由国家对农村土地行使土地行政管理权"（而并非由土地所有人对其所有物行使所有权）的逻辑构建起来的。如《农村土地承包法》第60条第1款规定，承包方违法将承包地用于非农建设的，由县级以上地方人民政府有关行政主管部门依法予以处罚。可见，当承包方有改变土地农业用途、将土地用于非农建设等行为时，只能由行政机关给予行政处罚，在土地所有权和承包经营权的关系中，该行为并无任何民法上的意义。另外，有关承包地收回的法律规范在法律体系中所处的位置也说明了发包方收回承包地行为具有公权行使的性质，如"承包方连续2年弃耕抛荒时，发包方收回承包地的行为"（《土地管理法》第37条第3款）与"国家无偿收回土地使用权的行政处罚行为"[2]（《土地管理法》第37条第1款）被规定在了同一条文当中。可见，立法者是

---

〔1〕　胡康生主编：《中华人民共和国农村土地承包法释义》，法律出版社2002年版，第75页。

〔2〕　有关"我国《土地管理法》第37条第1款规定的国有土地使用权无偿收回，属于因土地使用者违反法律禁止性规定，由行政机关作出的行政处罚行为"的观点，可参见曲宇辉："国有土地使用权收回的法律问题"，载《理论探索》2005年第7期。

将"发包单位或发包方收回承包地的行为"看做是由国家行使行政管理权的行为，而发包方收回承包地的根据也正是国家对农地的行政管理权。

二、农村集体的义务是推动制度实施的核心装置

我国《农村土地承包法》第26条第3款、《土地管理法》第37条第3款将"承包地收回行为的实施主体"确定为"发包方或发包单位"。而依照我国《农村土地承包法》第12条第1款，农村集体土地的发包方为"农村集体经济组织、村民委员会或者村民小组"。尽管"如果该村有集体经济组织，就由集体经济组织发包；如果没有集体经济组织，则由作为村民自治组织的村民委员会来行使发包土地的职能"[1]，但是，自我国实行农村土地承包责任制以来，我国大多数地区的农民集体经济组织已经解体或名存实亡[2]，所以，在农村实践中，行使发包集体土地职能的主要就是村民委员会，那么，承包地收回的实施主体也主要就是村民委员会。

2010年修订并通过的《村民委员会组织法》第8条第2款规定，村民委员会依照法律规定，管理本村属于村农民集体所有的土地和其他财产，引导村民合理利用自然资源，保护和改善生态环境。该条款已确立了村民委员会作为"集体土地所有权的行使主体"的法律地位，即当村民委员会对外行使集体土地所有权时，其法律地位为"集体土地所有人"。此外，村民委员会还负有"协助或代替土地行政管理机关进行土地管理工作、行使土地管理职权的"法定职责。当村民委员会履行此项职责时，其法律地位就是土

---

[1] 参见胡康生主编：《中华人民共和国农村土地承包法释义》，法律出版社2002年版，第35页。

[2] 高飞：《集体土地所有权主体制度研究》，中南财经政法大学2008年博士学位论文，第71页。

地行政管理机关的下属机构。具体表现为：首先，《村民委员会组织法》第5条及其立法解释已明确规定村民委员会负有协助基层政府进行土地管理的法定职责："村民委员会有协助乡镇人民政府开展工作的义务。其具体指与本村有关的、属于乡镇政府职责范围内的各项工作，其中包括环境与资源保护、土地管理。村民委员会可以受乡镇政府的委托，代表乡镇政府办理有关政府事宜。"[1]其次，无论是我国《宪法》将村民委员会规定在了"国家机构"一章中，还是《村民委员会组织法》第5条的立法释义指出乡镇人民政府与村民委员会之间是"指导关系"，村民委员会要自觉地接受乡镇人民政府的指导和帮助[2]，都说明了村民委员会在特定情况下具有"一级国家机构"或者"行政机关之下属单位"的法律地位。当村民委员会怠于履行其法定义务或职责时，其必然要承受由行政机关施加的不利后果。最后，在实践中，村民委员会已经与国家政权之间构成了"事实上的领导关系"。新中国成立以后曾一度设立村一级的行政机关，加之我国封建社会和国民党统治时期设立了保甲制度，基于文化上的继承性，在普通公民心目中甚至在基层国家行政机关工作人员和村民委员会组成人员的心目中，村民委员会就是一级国家机构，基层政权视村民委员会为其所属的下级行政机关，村民委员会也视其为上级领导机关。在多数情况下，村民委员会的组成人员特别是负责人都是由行政机关推荐甚至委派的。而且，村民委员会行为方式也呈行政化：一方面村民委员会往往会接受并严格执行行政机关向其发出的指示和命令；另一方面村民委员会也通常

---

〔1〕 参见李飞：《中华人民共和国村民委员会组织法释义》，法律出版社2010年版，第28页。

〔2〕 参见李飞：《中华人民共和国村民委员会组织法释义》，法律出版社2010年版，第25页。

会向村民发出一定的要求和命令，表现为一种领导关系。[1]

　　回到承包地收回的语境下，相关法律规则的用语及规范类型的选择无不在强调发包方负有代替公权力主体行使土地管理权的法定义务：首先，《土地管理法》第 37 条第 3 款规定："承包经营耕地的单位或者个人连续 2 年弃耕抛荒的，原发包单位应当终止承包合同，收回发包的耕地。"该条款在表述"发包方收回承包地行为"时，使用了"应当"一词，这里强调的是：发包方自承包方处收回承包地的行为是其对（向国家负有的）法定义务的履行而非对土地所有权的行使，易言之，在特定事由发生时，发包方负有收回承包地的法定职责。其次，《物权法》第 131 条及《农村土地承包法》第 26 条第 1 款作出了"承包期内，发包方不得收回承包地"的规定。不同于技术性的自治规范中"不得"的涵义[2]，这里的"不得"具有政策性的行政法规范中"不得"的内涵，即当事人双方（发包方与承包方）没有通过"进一步"的交易，迂回完成收回行为、排除该项规范适用的可能，属于法的强行性规范。由此可见，立法者在对承包地收回进行规则设计时，总是会自觉地将"发包方"看做"行政执法主体或者行政机关的下属机构、办事机关"，在规范的类型上也多依赖于"强制性规范"，在规范的内容上则偏重于使发包方负有法定义务而非享有权利[3]，这实际上就是将发包方收回承包地的行为视为"公权力的行使"予以规范。由此，村

---

〔1〕　参见文正邦、陆伟明：《非政府组织视角下的社会中介组织法律问题研究》，法律出版社 2008 年版，第 171 页。

〔2〕　在绝大多数情形下，自治规范中的"不得"仅具有"权限"的规范内涵，立法者完全没有禁止或强制一定行为的意思，是法律上有权无权，或做不做得到的问题。参见苏永钦：《走入新世纪的私法自治》，中国政法大学出版社 2002 年版，第 18 页。

〔3〕　这正符合行政主体行使行政职权行为的规范模式，行政职权是行政主体在法定职务范围内按照一定方式和程序对一定行政事务进行处理的权力，它除了具有国家权力的特征，更主要的是有着法定性和义务性，即行政行为往往受到法律的调整和制约。

民委员会负有的法定义务是推动承包地收回制度实施的核心装置。

三、行政处罚成为纠正土地违法行为的主要路径

对于承包方抛荒弃耕、改变土地农业用途或给土地造成永久性损害等根本违反保护与合理利用土地之法定义务的行为，现行法采取了由土地行政管理机关作出行政处罚的规制路径。土地行政管理机关通过行政处罚纠正、遏制承包方不当使用土地的违法行为，主要有两种方式：一种是由土地行政管理机关直接对做出不当使用土地之违法行为的农户给予行政处罚。如承包方违法将承包地用于非农建设的，由县级以上地方人民政府有关行政主管部门依法予以处罚。另一种是由村民委员会代替土地行政管理机关行使行政处罚权（如收回承包地），而当村民委员会怠于行使此项法定义务或违法行使此项法定职权时，土地行政管理机关可给予其警告或处罚。由此可见，我国现行承包地收回制度实施机制的内在驱动力来自于土地行政管理机关对行政处罚权的行使，即公权力的发动。

四、承包地收回的法律效果为土地承包经营权消灭

承包地收回是土地管理机关以国家对农地的行政管理权为根据而作出的行政管理行为，该行为的实际影响不仅仅是一种事实，而且产生一定的法律效果——因行政权的发动而引起作为行政相对人的承包方之土地承包经营权消灭。由于承包地收回的发生必然给土地承包经营权人造成经济上的损失，因此，承包地收回的法律效果具有惩罚性，具体体现为：其一，承包地收回发生的时点具有非正常性或提前性。承包地收回只发生在承包期届满之前，由此引起的土地承包经营权消灭一般是土地承包关系当事人（这里主要指土地承包经营权人）预料之外的，是提前到来的土地承包经营权消灭。其二，对于"土地承包经营权提前消灭"这项损失，发包方不给予

任何经济补偿。由《农村土地承包法》第 26 条第 4 款"承包方对其在承包地上投入而提高土地生产能力的，有权获得相应的补偿"的规定即可知：与征收不同，承包方只能就"其在承包地被收回之前在承包地上的有益投入"请求发包方给予补偿，而对于"土地承包经营权这项重要财产权的消灭"本身，并不享有补偿请求权。

第三节　权力驱动型规范模式下承包地收回制度的基本特征

一、承包地收回的发生具有严格的条件限定性

一方面，承包地收回制度的设定是为国家特定土地管理目标（保障农地被合理、高效利用；保障农地之农村社保功能的发挥）的实现而服务的，因此，只有在"承包方连续 2 年弃耕抛荒、改变土地农业用途、给土地造成永久性损害、全家迁出村社集体却不交回承包地"等特定情形发生时，发包方才能收回承包地。为此，我国《物权法》第 131 条规定，承包期内，除法律另有规定的情形外，发包方不得收回承包地。另一方面，土地承包经营权既是农民最重要的私有财产权，又是农民的基本生活保障，其得丧变更关系到农民的利益重大。而在承包地收回中，发包方仅需依其单方意思（而无须承包方的同意或行为配合）即可侵入承包方的权利范围、改变其权利状态——发生土地承包经营权消灭的法律效力。因此，法律必须对承包地收回的发生设置严格的限定性条件——只有法律的明文规定才能成为发包方收回承包地的正当性根据。需要注意的是，即使是承包方以合同约定的方式对发包方授权也不能构成发包方收回承包地的正当性基础，这是因为作为承包方的农民与发包方

之间处于事实上的不平等地位，这使得合同条款很难体现承包方的自由意志。为切实保护承包方的利益，法律不允许当事人在法律之外约定承包地收回的事由，或者说当事人在法律之外约定的承包地收回事由无效。

二、承包地收回的实施方式具有单方性、强行性

现行立法仅对"发包方可以或应当收回承包地"作出规定，而对于"承包方的意思或行为"只字未提。可见，发包方收回承包地的行为既不需要取得承包方的同意，也不需要承包方的行为配合，而仅依据自己单方的意思即可发生土地承包经营权消灭的法律效果。而作为收回行为之相对人的承包方只能容忍发包方侵入其权利范围，并且必须允许这个针对自己的收回行为生效。由是可知，承包地收回的实施行为具有单方性及强行性的特征。

三、承包地收回的法律后果具有无偿性

由《农村土地承包法》第 26 条第 4 款有关"承包方对其在承包地上投入而提高土地生产能力的，有权获得相应的补偿"的规定即可知：与征收不同，承包方只能就"其在承包地被收回之前在承包地上的有益投入"请求发包方给予经济上的补偿，而对于"土地承包经营权这项财产权的消灭"本身，并不享有补偿请求权。易言之，对于因承包地被收回而导致的"承包方享有的土地承包经营权于承包期届满前丧失"这项经济损失，发包方是不给予任何经济补偿的。

第四节 承包地收回的规范模式转向

一、权力驱动型规范模式的实际运行效果及其弊端分析

这种以公权行使为驱动力的承包地收回制度存在以下弊端[1]：首先，"一切有权力的人都容易滥用权力，这是万古不易的一条经验。"[2]权力具有天生的寻租本性，其滥用极易对人民的财产权造成侵害。在承包地收回的实践中，不少村干部以"均分土地"之名，行谋取私利之实[3]，就是这一弊端的真实写照。其次，按照权力驱动型规范模式设计的承包地收回制度无法自我实施，而必须添加一种额外的实施机制——具备特定行动集合的实施者（公权力执法主体），且该实施者必须被给予适当的激励，使其忠于职守。而实际的情况往往是，实施者（如村民委员会主要组成人员、土地行政管理机关工作人员、法庭、警察）欠缺适当的激励，从而难以获得承包地收回制度正常运转所需的内在驱动力。再次，权力驱动型规范模式下的承包地收回制度对于"加大执法力度"的持续需求必然消耗大量的社会资源，从而相应地减少直接为社会目标作贡献所需的资源。其结果就是，最初的社会目标的实现程度将不得不大

---

〔1〕 以下内容主要参考了蔡立东：《公司自治论》，北京大学出版社 2006 年版，第 135～146 页。

〔2〕 [法]孟德斯鸠：《论法的精神》（上册），张雁深译，商务印书馆 1961 年版，第 154 页。

〔3〕 参见贺雪峰：《地权的逻辑——中国农村土地制度向何处去》，中国政法大学出版社 2010 年版，第 176 页。

打折扣。[1]相对于权力驱动模式下巨大的制度运行成本，公权力执法主体所掌握的资源（包括金钱、人力、物力及信息等）十分有限，这使其很难及时、全面而有效地实施法律。最后，以公权力的行使为主导力量的法律制度，极易引发对强制性规范的过度依赖和对个人自由的过分限制，从而必然忽视甚至扼杀私人的主体性，那么，私人对于通过该制度表现出来的国家目标的实现也只能保持事不关己的冷漠态度，破坏和抵制这种法律制度的行为很可能广为蔓延，并将削弱该制度的基础与强力。

由陈小君教授主持的"农村土地问题立法研究"课题组对我国10个省近2000户农民的田野调查统计结果表明：自农业税取消以后，耕地抛荒现象虽有所减少但仍然存在，被抛荒耕地面积占总耕地面积的比例为13.72%。有个别地区出现了隐性抛荒和变相抛荒的现象。另外，耕地的利用和保护状况不容乐观，耕地被转化为非农用途的情况时有发生，在耕地上建房、建坟、建窑等乱占土地的现象屡见不鲜。出于利益的驱动，在耕地上采石、挖砂、采矿等现象不仅存在，而且在有些地区还比较严重。[2]面对上述违规行为，有关土地行政管理机关（乡镇人民政府或土地行政主管部门）不仅未对其进行处罚，甚至连过问也较为鲜见。陈小君的调查结果显示：对于"占用耕地建窑、建坟"行为，仅有25.86%的受访农民表示"有人来处罚过"，而有58.44%的受访农民表示"没见过人管"；对于"占用耕地建房"行为，仅有36.87%的受访农民表示"有人来处罚过"，而有44.4%的受访农民表示"没见过人管"；对于"挖沙、采石、采矿、取土"行为，仅有26.88%的受访农民表

---

〔1〕［日］青木昌彦：《比较制度分析》，周黎安译，上海远东出版社2001年版，第8页。

〔2〕"农村土地问题立法研究"课题组："农村土地法律制度运行的现实考察——对我国10个省调查的总报告"，载《法商研究》2010年第1期。

示"有人来处罚过",而有 62.06% 的受访农民表示"没见过人管"。可见,在实践中相关政府部门以及村民委员会对于"违反保护与合理利用土地之法定义务的行为",监管力度严重不足。

承包地收回制度已经陷入了"制度实施的内在驱动力严重不足"的困境并且已经确实造成大量的失范现象。权力驱动型规范模式的诸多局限性已经直接阻碍了土地承包经营权收回制度"保障国家土地规划的有效实施;确保土地承包经营权作为农民基本生活保障功能的发挥,维护社会公平;强化对集体土地所有权的保护"三重社会目标的实现。因此,急需对土地承包经营权制度的秩序形成机制进行重构。

二、我国承包地收回应实现由"权力驱动型"到"权利行使型"的规范模式转向

法律秩序的形成是一个演进的理性选择过程,人们遵守法律的动机是相当功利性的,它缘起于法律可能给人们带来的各种便利和利益。个人的利己本性是一切社会关系形成和展开的人性基础,制度无法改变人性,只有对人性保持充分的尊重,使私人成为制度的合作者和利用者,这样才能统合国家和个人的能力和资源,更有效地促成秩序的形成。在承包地收回的制度选择上,应充分意识到制度必须为私人所需要,在私人利用制度满足其需要的过程中,法律所追求的价值目标才能顺利得到实现。在制度的运行机制方面,应优先选取自治规范,只有当自治存在难以克服的局限时才能诉诸行政管制手段,即应将公权力的行使作为私权行使的补足,其职能在于为私权的行使提供条件和保障。权力驱动型规范模式忽视了私人自发行动对秩序形成所起到的积极作用,使功能有限的制度直接面对过于复杂的社会现实,因不得不处理远超过其制度容量的问题而不堪重负,并引起制度扭曲或制度紧张,甚至引发社会秩序的失范

和崩溃。在这种制度建设的努力中，尽管社会可能呈现出秩序，但这种秩序是由国家强制力保证的，与社会缺乏内在的亲和力，这往往无法有效调动个体运用其个人的知识采取行动，促成人们之间的相互合作，形成、发展、选择更为人们偏好的、有效的秩序，因此，这种秩序往往缺乏自我生成、扩展、演化和自我调整的强大动力，无法对不断变化的社会需求作出灵活有效的反应，也无法充分利用不断出现的机会成就人类文明。[1]

由此，应及时扭转指导观念上的偏差，使我国承包地收回制度实现由"行政权力驱动型"到"权利行使型"的规范模式转向。凭借私人权利的行使，而非公权力的发动，即以权利、义务、责任机制的运行推动秩序的生成，在承包地收回法律关系各方当事人之间形成"横向的权利互动"，而非"纵向的隶属强制"，使承包地收回制度成为由权利义务机制驱动的装置，推动其预期功能的发挥。具体的实现途径为：一方面，推进行政改革，调整政府的行政职能，减少公权对社会不必要的强制，从而为私权的行使提供条件和必要补充，培育社会的自治场域，实现由"管制型"政府到"服务型"政府的行政模式转向。当国家行政机关、国家权力因为市场经济的发展，因为行政改革而逐渐减弱了对社会的严格控制，当社会自治领域不断地扩大，当社会的自治能力不断地增强，当社会自治不断成熟的时候，我国的法治建设就目标在望了。[2]另一方面，完善村民集体的组织形式，强化其私权主体地位，恢复集体所有权的应有权能，使发包方收回承包地行为的依据不再是"辅助或代替公权力机关行使土地行政管理权"而是"集体土地所有权的内在权能"。

---

〔1〕 参见蔡立东：《公司自治论》，北京大学出版社 2006 年版，第 138～140 页。
〔2〕 马长山：《国家、市民社会与法治》，商务印书馆 2002 年版，第 45 页。

◆　第二章　◆

承包地收回的应然规范模式

——权利行使型

　　承包地收回作为一项法律制度，已经事实地存在于我国农村土地法律秩序当中。[1]关于承包地收回发生在承包期内、收回的法律效果为土地承包经营权的绝对消灭、收回行为的实施主体为发包方等方面，学界已基本达成共识。[2]然而，"承包地收回"[3]乃一生活事实的描述，并非严格的法律概念。其法律意义、权利（或权力）运行机制、构成要件、正当程序、法律效果，立法上没有明确的规定，理论上也未形成充分的讨论。如果这一生活事实不能运用法律概念予以表达，就不能转化为法律问题，也就不能通过法律的逻辑加以处理。因此，法律人的首要任务就是运用法律思维，将这一生活事实与法学当中某一意义明确的法律概念对应起来，从而阐释该

---

　　〔1〕《物权法》第 131 条，《农村土地承包法》第 26 条第 3 款、第 30 条、第 31 条，《土地管理法》第 37 条第 3 款已经初步确立了我国的"承包地收回"制度，旨在实现保障农民的生存利益和合理利用土地的双重价值。

　　〔2〕参见房绍坤：《物权法·用益物权编》，中国人民大学出版社 2007 年版，第 116、117 页。

　　〔3〕这里笔者对"承包地收回"一词的使用，为实质指代，仅指词语表示其本身，而非词语所对应的事物。

生活事实的全部法律意义。[1]

第一节 权利行使型规范模式的构成

在民法调整的社会与经济生活场域，当事方具有平等的法律地位，其合法利益受到法律平等的保护，不容非法侵犯，权利及其行使是当事方限制、约束乃至取消他人权利和利益的正当性基础，承包方占有、使用承包地，并享有相应收益的权利基础为土地承包经营权这一用益物权，用益物权为定限物权，本来就有对所有权加以限制之意义[2]，承包地收回与土地承包经营权消灭互为表里，且收回为无偿，承包方并不能因土地承包经营权的丧失而获得任何补偿。[3]收回承包地必然损及承包方以用益物权为正当性基础的既得利益，发包方虽为土地所有权人，但其欲合法达此效果，也必须将自己的行为建立在牢固的权利基础之上。

一、承包地收回的法律意蕴为终止权的行使

民法理论中用益物权的消灭原因包括：存续期间届满；用益物灭失；抛弃；混同；撤销；消灭时效期间届满。[4]值得注意的是，在民法理论中，法律行为的撤销视为自始无效，具有溯及效力。但

---

〔1〕 本书所研究的承包地仅限于"以家庭承包方式，在其上设定土地承包经营权的耕地、草地和林地"，以下统称为"承包地"。

〔2〕 （台）王泽鉴：《民法物权 2 用益物权·占有》，中国政法大学出版社 2001 年版，第 1 页。

〔3〕 虽然根据《农村土地承包法》第 26 条第 4 款，承包方对于承包地的"有益投入"，发包方应予补偿，但此一补偿属特别改良费用之补偿，非对"土地承包经营权丧失"的补偿。

〔4〕 参见房绍坤：《用益物权基本问题研究》，北京大学出版社 2006 年版，第 204 ~ 211 页。

导致用益物权终止的撤销权，为形成权，且无溯及之效力，唯向将来发生消灭，其性质为终止权。[1]不仅学说为达精致，注意区分使用"撤销"与"终止"，立法亦有改弦更张的趋势，于2010年2月3日修正的我国台湾地区"民法"物权编第850条之4规定，农育权有支付地租之约定者，农育权人因不可抗力致收益减少或全无时，得请求减免其地租或变更原约定土地使用之目的。前项情形，农育权人不能依原约定目的使用者，当事人得终止之。前项关于土地所有人得行使终止权之规定，于农育权无支付地租之约定者，准用之。第850条之5规定，农育权人不得将土地或农育工作物出租于他人。但农育工作物之出租另有习惯者，从其习惯。农育权人违反前项规定者，土地所有人得终止农育权。因此，为明确表征用益物权的撤销不具溯及力（只向将来发生消灭的效力），应将"撤销"替换为"终止"、将"撤销权"改正为"终止权"。[2]

　　根据《农村土地承包法》等现行法律规定，收回承包地行为发生时，土地承包经营权的存续期间尚未届满，也不存在承包地灭失的问题。因此，不能将承包地收回阐释为存续期间届满、用益物灭失的结果。也不能将承包地收回演绎为承包经营权人抛弃用益物权，因为用益物权的抛弃应由权利人向所有权人以意思表示为之，抛弃的行为主体为用益物权人，而承包地收回的实施主体为发包方，即土地所有人。在我国，法律上还没有规定全面的消灭时效制度，仅有诉讼时效的规定。在我国用益物权法律制度当中，并不存在消灭时效这种消灭原因。因此，承包地收回不能被理解为消灭时

---

　　〔1〕　参见（台）史尚宽：《物权法论》，中国政法大学出版社2000年版，第201、219页。

　　〔2〕　（台）谢在全：《民法物权论》（中册·修订3版），2005年自版，第180页。

效期间届满。[1] 土地承包经营权因混同而归于消灭，需以"所有权人取得其物上的用益物权"为前提，因此，只有收回在先，才有随后混同的可能，若先已因混同而消灭，则再无收回的必要，因此，没有将承包地收回解释为混同的余地。

用益物权的终止则是指在具备法定事由时，土地所有权人得通过单方的意思表示，使用益物权归于消灭的法律制度。关于终止权，应说明者有五：其一，依通说观点，终止权的性质属于形成权，笔者赞同。其二，用益物权的终止应由土地所有权人向用益物权人以意思表示为之，乃有相对人的单独行为。终止权人得依单方的意思表示发生用益物权消灭的法律效力，无需相对人的同意或行为配合。其三，为顾及用益物权人的利益，终止权人须履行一定的正当（前置）程序，如定相当期限催告、制止违法利用、通知改善。当用益物权人逾期不为改正时，土地所有权人始得行使终止权。其四，有关用益物权终止的法律规范旨在实现一定的立法政策目标，属于强行性规定，当事人不得以约定排除或修改之。[2] 其五，终止的对象应为用益物权本身，而非设定用益物权的物权行为。终止权的行使乃土地所有权人的单方法律行为，该法律行为是以消灭已有效存在的用益物权为内容（而非以使原设定用益物权的法律行为失效为内容）的法律行为，自该意思表示到达用益物权人时向后发生用益物权消灭的法律效力。

有学者提出疑问：为什么不选取"合同解除的机制"来解决承包地收回问题？易言之，为何不将承包地收回的法律意蕴诠释为土

---

〔1〕 参见房绍坤：《用益物权基本问题研究》，北京大学出版社 2006 年版，第 211 页。

〔2〕 参见（台）王泽鉴：《民法物权 2 用益物权·占有》，中国政法大学出版社 2001 年版，第 45、46 页；（台）史尚宽：《物权法论》，中国政法大学出版社 2000 年版，第 201、202 页。

地承包经营权因发包方行使合同解除权而消灭呢？这样不是更能彰显意思自治、强化承包地收回法律关系双方当事人之间平等的法律地位吗？[1] 本书认为，"合同解除"不宜作为承包地收回的法律结构，理由有三：首先，在合同解除机制中无法找到能够支持承包地收回的权利基础。合同解除的权利基础为合同当事人享有的"合同解除权"，其性质为债权（合同权利），行使合同解除权的行为为债权行为（负担行为）。根据债权与物权的区分原则，债权行为仅能发生债权法上的效力（引起债权债务关系的变化）而不能发生物权法上的效力（引起物权变动），而我国《物权法》已明确将土地承包经营权定性为"用益物权"，承包地收回的法律效果为"引起土地承包经营权消灭"，因此，合同解除权的债权性质就决定了其行使无法直接达成"土地承包经营权消灭"的物权变动效果，用其构造承包地收回的法律结构不符合物权法理。其次，合同解除发生的时点决定了其无法作为承包地收回的法律结构。合同解除是合同关系消灭的原因之一[2]，那么其必然发生在合同有效成立以后、消灭以前。而《物权法》第131条、《农村土地承包法》第26条等法律均规定，承包地收回发生在"承包期内"，即土地承包经营权有效设定以后，承包期届满以前。此时，土地承包经营权已经脱离了以其设定为目的的承包合同（即为发包方设定"为承包方设定土地承包经营权"之给付义务的债权合同已因合同当事人的按约履行而消灭）而进入到了用益物权的存续阶段，所以，当然没有合同解除制度发挥作用的余地。最后，合同解除机制彰显的意思自治原则恰恰在承包地收回场合下应受到限制。合同解除权可分为法定解除权和约定解除权，主张以合同解除构造承包地收回之法律结构的

---

〔1〕　在笔者的博士学位论文答辩会上，蒋大兴教授、傅穹教授、单飞跃教授都对笔者提出了类似的问题。

〔2〕　注意：这里的"合同"仅指债权合同而不包括物权合同，其性质为债之关系。

一个重要理由是：合同双方当事人可以依据契约自由原则，任意约定合同解除的事由（也即是说，当事人双方可以自由约定承包地收回的发生事由），这使得承包地收回问题的解决更为灵活，不至陷于僵化。然而，在承包地收回法律关系当中，双方当事人之间处于事实上的不平等地位，为切实保护承包方（农民）的利益，法律对承包地收回的发生设置了严格的限定性条件——只有法律的明文规定才能成为发包方收回承包地的正当性根据，即法律不允许双方当事人在法律的明文规定之外任意约定承包地收回的事由，当事人任意约定的无效，这具体体现在《物权法》第131条当中。所以，不宜将承包地收回的法律意蕴诠释为约定合同解除权的行使。

由此，承包地收回的法律结构只能演绎为土地承包经营权因所有权人行使终止权而消灭，而恰恰以终止权而非其他法律技术来构造承包地收回的法律结构最能妥帖地协调承包地收回本身所蕴含的及其可能引发的继发利益冲突。

二、终止权为形成权

在前文中，我们已经将承包地收回的法律意蕴解读为终止权的行使并将终止权定性为形成权。然而，关于"终止权具有哪些特性，其在农村土地承包法律关系当中处于何种地位、发挥怎样的功能，其产生的依据、行使规则、生效条件为何"，学界尚未有相关的论述。

从理论上来讲，既然发包方享有的终止权属于形成权，那么终止权的理论展开就可以借鉴形成权的相关理论，终止权的运行就应当遵循有关形成权的基本法律规则。然而，由于目前我国的形成权理论及立法实践还未尽成熟完善，在几个关键的理论问题上还未形成成熟、可信的观点，当前立法更未对"形成权的定义及其在民事权利体系当中的地位"予以明示，加之形成权本身还存在诸多的类型，不同类型的形成权其运行规则也有所差异，不可能将所有关于形成权的法律规则都一并适用于发包方的终止权，因此，对发包方终止权的理论构造必须建立在"对形成权相关基本理论作系统梳理，对其中几个关键性问题作深入探讨和清晰阐述"的基础之上，只有从对形成权基本理论问题的钻研和探讨中汲取可资利用的学理资源，才能对土地承包经营权终止场合下发包方与承包方之间丰富的法律关系（这里不仅限于权利义务关系）作出妥当、细致的安排，为终止权法律制度提供最大限度的全面描述。

（一）终止权的定义及其本质

要对终止权下定义、揭示其本质，应先以"形成权的定义"为切入点。我国现行法律对于"何谓形成权"未设明文规定，学者们所下定义也不尽相同：王泽鉴先生认为，形成权是指得依权利人一方的意思表示而使法律关系发生，内容变更或消灭的权利。[1]与此相类似的，韩忠谟先生认为，形成权发展至今，学说上一致认为，它是指依一方之意思表示而生法律效果之权利。换言之，权利人单独以意思表示，使法律关系因之而发生、变更或消灭的权利。[2]梅仲协先生认为：形成权指权利人得利用其法律所赋予的权力，以单独行为使权利发生变动。形成权与支配权的区别在于，形成权的意思表示无须他人的协助，依法可发生一定之效力；而支配权的行使有赖于他人的行为始可奏效。[3]孙宪忠认为，形成权指的是由一个特定的人享有的、通过其单方行为性质的形成宣告来实施的、目的在于建立一个法律关系、确定一个法律关系的内容、变更一个法律关系、终止或者废止一个法律关系而导致权利关系发生变动的

〔1〕（台）王泽鉴：《民法总则》，中国政法大学出版社2001年版，第97页。

〔2〕 韩忠谟：《法学绪论》，中国政法大学出版社2002年版，第181页。

〔3〕（台）梅仲协：《民法要义》，中国政法大学出版社1998年版，第35~36页。

论我国农村承包地收回制度的权利逻辑

权利。[1]

以上学者的定义揭示了形成权的享有主体、行使方式、法律效果等特征，但是，要规定"形成权"这一概念（符号）的全部意义、全面描述其所指对象的本质特征，形成权的定义应包含：形成权的本质属性、形成权的设定目的、形成权的发生条件、形成权的享有主体、形成权之行使行为的性质、形成权行使的法律效果。

1. 形成权的本质属性

关于形成权的本质属性（从字面表述上来看），学界存在三种学说：其一，权利说。以王泽鉴先生为代表的中国绝大多数学者都将形成权认定为"权利"的一种。其二，权力说。以梅仲协教授为代表的学者认为，形成权属于一种"权力"。其三，权能说。以林诚二先生为代表的学者认为，形成权在本质上属于一种"权能"。林诚二教授指出，支配权、请求权、形成权和抗辩权本身，虽称之为权利，究其实质并非权利[2]，而是一种权能，即权利产生的作用，只是因学理上方便而称之为权利。[3]

要搞清"形成权的本质属性究竟为权利、权能还是权力"，我们需要对这里"权利"一词的确切涵义予以明确。尽管"权利"是私法上最基本的概念之一，没有这一概念将引起很多不便，但是，在传统民法理论中，关于"权利一词到底应具有哪些内容或应在何种意义上使用"，人们始终未能形成一致的意见。德国民法学家卡尔·拉伦茨指出，法律关系是基于一个统一的目的而结合在一起的各种权利、义务和其他拘束的总和。这些权利、义务和拘束具有各不相同的规范属性和规范结构，它们一方面表现为各种的权利

---

〔1〕　孙宪忠："德国民法中的形成权"，载《环球法律评论》2006 年第 4 期。

〔2〕　这里的权利指严格意义上的权利，即"狭义的权利"。

〔3〕　（台）林诚二："论形成权"，载杨与龄主编：《民法总则争议问题研究》，五南图书出版公司 1998 年版，第 66 页。

（Berechtigung），另一方面表现为各种法律上的负担。这里的"Be-
rechtigung"一词虽也可译为权利，但这一权利是广义的权利，除了
我们通常所指的狭义权利（Recht）外，还包括以下内容：权能、
权限、取得期待。这些内容都应是法律关系的组成部分，并将其统
称于广义的权利"Berechtigung"中。[1]可见，"权利"可分为"狭
义的权利"和"广义的权利"。权利通常的定义是，权利是法律为
了满足某人的需要而赋予他的一种"意思的力"或"法律的力"，
是"一个确定的、对这个人来说合适的权力关系"。"法律之力"
这个词语是指一种规范的情况，即法律制度对权利人的授权，一种
"可以作为"，或是一种"法律上的可能"。这个定义不仅可以适用
于支配权（人格权、所有权等），而且可以因"法律之力"具有另
外一层意义而适用于形成权。显然，这是对"广义的权利"所下的
定义。[2]尽管学者们都在有意无意地使用"狭义的权利"一词[3]，
但是我们始终无法找到一个明确的关于何为"狭义的权利"的定
义。根据笔者对相关语句的分析，"狭义的权利"应具备以下条件：
其一，具有独立性，即可以被独立转让；其二，在其法律关系当
中，具有足够的重要性，不依附于其他法律关系而存在；其三，非
次位性，其作用对象或客体为"外部世界之组成部分"而不是其他

---

〔1〕　参见申卫星："对民事法律关系内容构成的反思"，载《比较法研究》2004 年
第 1 期。

〔2〕　参见［德］卡尔·拉伦茨：《德国民法通论》，王晓晔等译，法律出版社 2003
年版，第 276、277 页。

〔3〕　如当拉伦茨教授说"一个单个的权利可以包含有不同的权能。但权能如果没
有从权利中分离出来，还不能独立地被转让时，它们本身就还不能被作为权利。许多形
成权在法律关系的范围内都属于一种非独立的权能，它们不能和法律关系相分离。判断
一个形成权是权能还是权利要看它的独立转让性以及或多或少依它的重要性来决定"，
林诚二先生说"支配权、请求权、形成权和抗辩权本身，虽称之为权利，究其实质并非
权利，而是一种权能，即权利产生的作用"时，其所称的"权利"就是指"狭义的权
利"。

权利。如物权以特定的物为客体、债权以人的给付行为为客体、知识产权以智力成果为客体等[1]最典型的"狭义的权利"有：物权、债权、人身权及知识产权等。

由是可知，当我们在"广义上"使用权利一词时，权能也包含在内（即权能属于"广义的权利"）。但是，权能并不属于"狭义的权利"，而仅为狭义权利的部分内容。笔者认为，为对权能与权利二概念的意义作出精确区分、避免其在使用上出现混乱，我们应将"权利"一词的使用规范化，使其确指某一特定事物而不是处于模棱两可的状态：在有"权能"一词的语境下或有必要对权利与权能之涵义作出辨析或区分的场合，除有特别说明外，"权利"一词应统一指"狭义的权利"。

基于以上对几个基本概念的梳理，我们对形成权的基本属性作出分析：在当代法学理论中，"权力"一词通常意指公权力而言，其享有主体为国家或政府，是与"私权"或"权利"相对的概念。而依通说见解，形成权属于私权，其享有主体为私人，因此，为避免产生误解，不宜将形成权的基本性质认定为"权力"。

民法理论中的权能是指权利的作用或实现方式，是权利人为实现其权利所蕴含之目的利益依法所能采取的手段（法律之力），是体现权利人意思支配力的方式。"权能是权利或法律关系的部分内容，它原则上是其据以产生的权利或法律关系不可分割的组成部分。一项权利可以包含多个不同的权能。有一些权能虽未成为独立的权利，但已经具有较强的独立性，应当在法律关系的构成中占有一席之地，这样做的目的为使其在法律关系的构成中凸现出来，不

---

[1] 值得注意的是，此条件存在例外：如债权质权虽以另一个财产权利为客体，但其仍属于狭义的权利。

至于淹没在权利之中，以致无法充分地描绘一项法律地位的全部内容。"[1]

关于"形成权属于权利还是权能"，卡尔·拉伦茨教授指出：许多形成权在法律关系的范围内都属于一种非独立的权能，它们不能和法律关系相分离；也有一种独立的权利，即可以对其进行单独处分的权利，这就是择定权。当然，不是在任何情况下都可以绝对地说，这是一个"权利"[2]，而那是一个"权能"。（判断一个形成权是权能还是权利）要看它的独立转让性以及或多或少依它的重要性来决定。[3]依其观点，如果一项形成权能够与其基本法律关系或法律地位相分离（即可以被转让于基本法律关系以外的人）而具有独立转让性或一定的重要性，那么，它就已从单纯的权能或法律地位发展成为一种权利；如果一项形成权还未能够与其基本法律关系或法律地位相分离，不具有独立转让性或一定的重要性，那么它就还只是一种"权能"，即使称之为权利，也只是为了学理上的方便，而在"广义上"使用权利一词。这种结论包含太多的不确定性（如"重要性"一词本来就是一种非常相对化的概念），并不会为学理研究提供实质性帮助。

有学者指出："关于择定权是否是形成权，拉伦茨的观点在其《德国民法通论》的前后八版中有较大变动，在沃尔夫修订的其后版本（中文译本，第八版）中又将物权取得权、择定权等从形成权当中分离了出来，将前者作为一种单独的权利类型，而不再视后者

---

[1]　申卫星："对民事法律关系内容构成的反思"，载《比较法研究》2004年第1期。

[2]　既然是和"权能"相并列使用，则我们可以推定：这里使用的"权利"是指"狭义的权利"。

[3]　参见［德］卡尔·拉伦茨：《德国民法通论》，王晓晔等译，法律出版社2003年版，第264页。

（指形成权）为独立的权利。"[1]而且，拉伦茨也明确地指出："形成权要么不能转让，要么只能和权利人的地位一起在有关的法律关系中转让。"[2]依其之前对权利与权能的区别标准来看，既然形成权不具有独立转让性，那么它就只能属于权能，而不属于具有独立性的权利（"狭义上的权利"）。

由此，可以得出结论：抛开择定权这一极具争议的权利形态不谈，我们所认识的绝大多数的形成权，究其本质，实为权利产生的作用（法律之力）——权能，而并非严格意义上的权利。

2. 形成权的设定目的

形成权实为权利产生的权能，具有不可独立转让性及附随性特征，形成权的行使与实现本身并无实质上的生活利益，法律设定形成权的目的就在于保障形成权之基础权利正常功能的发挥或不受侵害的圆满状态，为形成权基础权利法律关系中特定利益（或目的）的实现[3]而服务。

3. 形成权的发生条件

"形成权大多是依据某种实体的权利而产生，所以，形成权多依附于这些实体权利而生的法律关系。"[4]然而，形成权并非于该实体权利产生时即存在，而是以"特定事实的成就"为其发生的前提条件。这个特定事实称为形成权的"形成原因"[5]或"发生事

---

〔1〕 参见翟寅生、姜志强："形成权基本问题之再反思"，载《广西政法管理干部学报》2010 年第 5 期。

〔2〕 ［德］卡尔·拉伦茨：《德国民法通论》，王晓晔等译，法律出版社 2003 年版，第 281 页。

〔3〕 如债之关系以"完全满足债权人给付利益"为其目的；所有权关系以"完全满足所有权人于法令限制之范围内，对其所有物占有、使用、收益、处分并排除不法侵害的利益"为其目的。

〔4〕 王利明：《民法总则研究》，中国人民大学出版社 2003 年版，第 224 页。

〔5〕 关于"形成原因"，可参见 ［德］卡尔·拉伦茨：《德国民法通论》，王晓晔等译，法律出版社 2003 年版，第 291 页。

由"。如债权人的撤销权并非于债之关系成立时起即产生，而是在"债务人实施了危害债权的行为"时才发生，这里"债务人实施危害债权的行为"就是债权人撤销权的"形成原因"或"发生事由"。多数形成权的"发生事由"由法律直接规定，但也有形成权的"发生事由"可以由当事人作出约定。

4. 形成权的享有主体

由于形成权依据其基础权利而发生，其功能在于保障其基础权利正常功能的发挥或不受侵害的圆满状态，因此，形成权依附于其基础权利而存在，不得与之相分离而单独转让。所以，形成权的享有主体即形成权人只能是形成权基础法律关系中具有特定法律地位的人（基础权利人），形成权人和形成权的相对人都是特定的，只能将形成权与形成权人的地位一起在有关法律关系当中转让。

5. 形成权之行使行为的性质

绝大多数学者都认为形成权的行使方式为单方之意思表示（单独行为、单方的形成行为），属于法律行为的一种。而孙宪忠先生持不同意见：行使形成权的行为并非都是"法律行为"（意思表示），而且不一定受到行为人行为能力的约束，因此，应将其认定为单方行为性质的"形成宣告"。[1]

持"行使形成权的行为并非都是法律行为"观点的根据在于：其认为"对无主物的先占取得权"（即物权取得权）也属于形成权的一种。如孙宪忠先生指出："物权关系中，属于这种权利（指形成权）的有物权性质的先占取得权，如狩猎权人对于猎物的先占取得权、渔业权人对渔猎物的先占取得权。国库对现时所有权人抛弃

---

〔1〕 孙宪忠："德国民法中的形成权"，载《环球法律评论》2006 年第 4 期。

地产的先占取得权，也属于这种权利。"[1]而学界通说认为先占属于事实行为，认为此乃法律对以所有的意思占有无主动产的事实，赋予取得所有权的效果。凡具有意思能力，对物有管领力者，皆得为有效的先占，不以具有行为能力为必要。[2]所以，其认为行使形成权的行为并非都是法律行为，也包括事实行为。笔者不同意这种观点。物权取得权是一种对无主物取得物权的权利，其性质与物权相类似，尽管这种权利并没有完全将无主物归于权利人（因为此时无主物还不确定，还不能完全被支配），但权利人仍然具有一个绝对有效的、排除其他人对此物的权利。物权取得权的真正功能不在于它能使权利人单方面形成一种针对他人的法律关系，而在于它的"排他性"，即只有权利人能够取得无主物的物权，而其他人都被排除在外。因此，物权取得权既不属于物权，也不属于形成权。

由于形成权的行使是权利人将其"使某法律关系发生、变更或消灭"的意思表达于特定的相对人的行为，以意思表示为要素，因此，行使形成权的行为都是法律行为（而不包括事实行为），应适用法律行为的相关规则。

6. 形成权行使的法律效果

关于行使形成权产生的法律效果，主要有两种观点：一种观点认为是"使法律关系发生、内容变更或消灭"（王泽鉴），或"实现形成权人和另一个人之间的法律关系，或者对法律关系的内容进行确定、改变、撤销"（卡尔·拉伦茨）。另一种观点认为：使权利发生变动（梅仲协）或使权利关系发生变动（孙宪忠）。

---

〔1〕 孙宪忠："德国民法中的形成权"，载《环球法律评论》2006年第4期。与此相类似观点还可参见芮沐：《民法法律行为理论之全部》，中国政法大学出版社2003年版，第74页。

〔2〕 参见（台）王泽鉴：《民法物权1通则·所有权》，中国政法大学出版社2001年版，第278页。

法律关系是具有同样法律效力的权利和义务的总和，即法律规范关系的总和。任何法律关系起码都要包括有至少一个人的权利以及与这个权利相应的他人的义务或其他法律约束，这里他人或是一个人、几个人，或是所有的人。[1]大多数法律关系并不是由某种单一的关系组成，而是一个由各种法律上的联系组成的综合体；它是一个整体，是一个结构，它的具体要素有权利、权能、义务和拘束等多种多样的形式。"法律关系"具有更加广泛的意义，以至于它意味着所有的私法上的关系，既可以是所有权，也可以是债权债务关系，还可以是形成权。由于法律关系的各种要素和法律关系本身具有相同的结构，所以，原则上可以把它们也看成法律关系。[2]可见，法律关系当中一定包含至少一个权利，而权利作为法律关系最为重要的要素，具有与法律关系相同的结构，因此，权利原则上也可被视为一种法律关系。权利和法律关系可指称同一事物，只是各自强调的内容不同而已，前者强调法律保护的利益及法律之力的形态，后者强调人与人之间的关系。所以，我们说形成权行使的法律效果为"使权利发生变动"或"使法律关系发生变化（发生、变更或消灭）"，其意义是基本相同的。由于"法律关系"一词强调人与人之间的联系与互动，而形成权的法律效果也正是引起人与人之间权利义务状态的变动，因此，笔者更倾向于将形成权行使的法律效果表述为：使人与人之间的法律关系发生变化。

综上，我们将形成权定义为：形成权是指在某基础法律关系当中，于法定或约定的"发生事由"成就时，由某基础权利（基础法律关系中某特定法律地位）生发且由该基础权利人享有的，得依

---

〔1〕［德］卡尔·拉伦茨：《德国民法通论》，王晓晔等译，法律出版社2003年版，第258页。

〔2〕［德］卡尔·拉伦茨：《德国民法通论》，王晓晔等译，法律出版社2003年版，第262、263页。

其"单方之意思表示"或"形成之诉"而使自己与他人或他人之间一定的法律关系发生、变更或消灭的权能，旨在保障该基础法律关系特定目的（或利益）的实现。根据形成权的定义，我们可得出能够揭示终止权之本质的定义：终止权是指在土地承包法律关系当中，于法定发生事由成就时，由集体土地所有权生发且由集体土地所有人享有的，得依其"单方之意思表示"或"向法院提起形成之诉"而使土地承包经营权消灭的一项权能，旨在保障"承包地被合理使用和保护"以及"以承包地平等保障本集体成员基本生存利益"目标的实现。

（二）终止权的主要特征

与其他民事权利相比较，终止权具有以下特征：

1. 从功能定位来看，终止权具有手段性、服务性

形成权由一定的基础权利法律关系产生，其本身的享有及行使并不具有直接的现实利益，形成权的作用（法律设定形成权的目的）在于通过设定、变更或消灭当事人之间的法律关系，从而保障基础权利法律关系当中特定利益的实现。终止权的设定目的也在于确保土地所有人特定利益的实现，因此，终止权具有手段性、服务性（间接性、非终局性、目的特定性）特征。

2. 从是否能够独立存在来看，终止权具有依附性、不可单独让与性

形成权在设定目的上的手段性就决定了它只能依附于某一基础权利关系之上，而不能单独存在，离开了基础法律关系，形成权也就失去了存在的意义，即形成权具有依附性、不可单独让与性。既然形成权不能与其基础法律关系相分离而单独发挥作用，那么如果要将形成权让与，则必须与其基础权利一同让与。很显然，终止权的设定也是为了土地所有人特定利益的实现，因此，终止权不可与土地所有人的法律地位相分离而独立存在，具有依附性、不可单独

让与性。

3. 从权利的时间结构来看，终止权具有一时性、非持续性

正如拉伦茨教授所言："和债权时间结构很相似的是形成权的时间结构。它从一开始就是以达到可能的权利形成作为结束的目的。一个形成权，只要它被行使了，它也就结束了，也就是说，这种权利在行使的同时也就消灭了。另外，大多数形成权的行使都有一个特定的期限，如果在这个期限内没有行使，它也会消灭的。人们把这一类型的期限称为除斥期间，因为随着这个期限的届满，权利人就失去了自己的权利。"[1] 终止权并不像土地所有权或土地承包经营权等基础权利那样可以反复行使，而是一经行使生效即因设定目的实现而消灭，因此，终止权具有一时性、非持续性。

（三）终止权的三大法律关系及其相关法律概念

1. 终止权法律关系

形成权法律关系是指形成权人与形成权的相对方之间，围绕形成权展开的权利义务关系。需要说明的是，这里的权利指"广义上的权利"，即法律关系内容构成的积极要素[2]，包括形成权人单方使法律关系发生、变更或消灭的权能，也包括形成权相对方得以诉讼的方式向法院提出异议的权利（异议权）。这里的义务也指"广义上的义务"，包括形成权相对方受到的"法律上的拘束"或其负有的"容忍义务"。

终止权法律关系是指终止权人（发包方）与终止权的相对方（承包方）之间，围绕着终止权和异议权而展开的权利义务关系。这里的权利包括发包方享有的得单方使土地承包经营权消灭的终止

---

〔1〕〔德〕卡尔·拉伦茨：《德国民法通论》，王晓晔等译，法律出版社2003年版，第261、317页。

〔2〕关于法律关系内容构成的积极要素和消极要素，可参见申卫星："对民事法律关系内容构成的反思"，载《比较法研究》2004年第1期。

权和承包方得以诉讼的方式向法院提出异议的异议权；这里的义务主要指终止权相对方受到的"法律上的拘束"或其负有的"容忍义务"。对任何权利、义务的分析，都须将其置于特定的法律关系当中。提出终止权法律关系这一概念的意义就在于其为我们分析"围绕终止权和异议权，终止权人与终止权的相对方各自所具有的法律地位"提供一个思考平台和研究框架，从而为我们进一步明确终止权及异议权的行使方式、行使条件及生效条件，实现双方当事人之间的利益互动，奠定基础。

2. 终止权的基础法律关系

形成权的基础法律关系是指作为形成权法律关系发生基础的、为形成权所依附的民事实体权利关系。正如王利明教授所言："形成权大多是依据某种实体的权利而产生，所以，形成权多依附于这些实体权利而生的法律关系。"[1]形成权不能与其基础法律关系相分离而单独存在，而且形成权的设定就是为保障其基础权利法律关系特定目的的实现而服务的。如合同解除权的基础法律关系为解除权人与相对人间的合同法律关系，解除权的设定就是为了保障解除权人的债权顺利实现；追认权的基础法律关系为限制行为能力人参与的合同法律关系，追认权的设定就是为了保护限制行为能力人的利益；债权人撤销权的基础法律关系为债权人与债务人间的债权债务法律关系，撤销权的设定就是为了保护债权人的债权利益。提出"形成权的基础法律关系"这一概念的意义在于：有助于我们认清形成权的本质属性，明确形成权在民事权利体系当中的地位（将其与一般的民事实体权利相区分），准确把握形成权法律关系的基本特征（附属性、不可单独转让性、暂时性），进而，为我们研究形成权的设定目的及功能提供指引。形成权人是指在形成权之基础法

---

〔1〕 王利明:《民法总则研究》，中国人民大学出版社 2003 年版，第 224 页。

律关系中具有特定法律地位的、享有形成权的人。绝大多数的形成权都是为了满足形成权人的特定利益而设定的。形成权的相对方或形成权的相对人是指在形成权之基础法律关系中具有特定法律地位的、直接受形成权影响（使其法律地位发生变化）的人。

终止权的基础法律关系为集体土地所有人（发包方）与土地承包经营权人（承包方）之间的土地承包法律关系[1]，即产生或生发终止权法律关系的民事法律关系。终止权法律关系并非一项独立的民事法律关系，它是由土地承包法律关系产生、为土地承包法律关系特定目标（利益）的实现而服务的附属性法律关系。法律设定终止权目的的特定性就决定了终止权具有强大的依附性和非独立性，即它只能依附于土地承包法律关系而存在，只有在土地承包法律关系中具有特定法律地位的人才能成为终止权法律关系的当事人，终止权人只能是集体土地所有人，终止权的相对方只能是土地承包经营权人，终止权人不得将终止权与土地所有权相分离而单独让与他人。另外，终止权并非集体土地所有人于土地承包关系成立时即享有的权能，而是在特定的事由成就时才开始享有，且其于一次行使生效后即消灭。因此，终止权在本质上是：在土地承包法律关系当中，于特定事由成就时，由集体土地所有权所生发的一次性[2]权能。提出"终止权的基础法律关系"的意义在于有助于我们认清终止权的本质属性，明确终止权在相关法律关系当中的地位及功能，把握终止权法律关系的基本特征（非独立性、附属性、不可单独转让性、一时性），进而，为我们研究终止权的设定目的及

---

〔1〕　土地承包关系作为一项用益物权关系，含有两层法律关系：其一，它是用益物权人与所有权人之间的关系；其二，它也是用益物权人与不特定他人之间的关系。在下文中，作为终止权之基础法律关系的"土地承包法律关系"仅指具有特定相对人的"土地承包经营权人与集体土地所有人之间的"法律关系。

〔2〕　之所以称其为"一次性"的权能是因为作为一项形成权，终止权并不能如所有权或用益物权那样被反复行使，每项终止权产生后，都会因其行使生效而消灭。

功能、探寻"法律应设置何种终止权的法定发生事由"提供方向性指引。

3. 终止权的形成法律关系

"形成权是权利种类之一，具有根据权利人一方的意思表示而形成法律关系的效果。"[1]形成权都以一定的法律关系为作用对象，以该法律关系的发生、变更或消灭为其作用效果。我们将这种"作为形成权之作用对象的、因形成权的行使而发生、变更或消灭的法律关系"称为形成权的形成法律关系，如合同解除权的形成法律关系为解除权人与合同对方当事人间的合同法律关系。绝大多数形成权的形成法律关系就是其基础法律关系，但也有例外：如债的担保制度中债权人撤销权的形成法律关系是"债务人与其到期债权的债务人之间的债之关系；债务人与其财产的受让人之间的关系"，而撤销权的基础法律关系是撤销权人（债权人）与其债务人之间的债之关系。

由终止权行使的效果为土地承包经营权向后消灭可知，终止权的形成法律关系就是土地承包经营权法律关系。可以看出，终止权的基础法律关系就是它的形成法律关系。提出"终止权的形成法律关系"这一概念的意义在于：便于我们分析终止权的作用对象、作用形态以及作用效果，以便将其与其他的形成权（不同类型的形成权适用的法律规则有很大差异）区分开来，确定适用于终止权的形成权法律规则。

（四）形成权的类型以及终止权在形成权类型体系中的定位

1. 以行使方式为标准的类型划分

根据行使方式的不同，可将形成权分为：单纯形成权和形成诉权。单纯形成权是指形成权人只需向形成权的相对方作出单方的意

---

〔1〕〔日〕本田纯一："形成权概念的意义及功能"，王敬毅、杨丽君译，载《外国法译评》1996 年第 2 期。

思表示，于相对方了解或到达相对方时即可发生法律效力的形成权，多数的形成权都属于单纯形成权；形成诉权指权利人需向法院提起"形成之诉"，于法院作出肯定的"形成判决"时方可发生法律效力的形成权。如可变更、可撤销合同当中的变更权和撤销权、婚姻关系的撤销权。值得注意的是，有学者认为："此种划分也不是绝对的，行使单纯形成权，如果相对人提出异议，权利人只有向法院提起形成之诉，此时便转化为形成诉权了"。[1]笔者不同意这种观点，如果一项形成权已经被法律确定为"单纯形成权"，即其行使不以"向法院提起形成之诉"为必要，那么，相对人向形成权人提出的异议并不能阻碍形成权发生效力。否则，就相当于将"相对人不提出异议"作为形成权的生效条件，这与形成权"仅依单方意思表示即可发生效力，而无需相对方的同意或协助"之基本特征不符，因此，只有当相对人以诉讼的方式向法院提出异议（"异议之诉"）时，才能暂时阻却形成权发生效力。此时，形成权的效力处于"待定"状态，如果法院作出"该形成权不生效"或"该形成权不具备取得或生效条件"的判决，则该形成权的行使行为自始不发生效力；[2]如果法院作出"形成权的行使有效成立"的判决，则形成权发生效力。

由此引出一个重要问题——终止权应属于"单纯形成权"还是"形成诉权"？笔者认为，由于终止权具有多个"发生事由"，而每一种发生事由的构成都不尽相同，所以，应当根据每一种发生事由"是否有由法院作出认定的必要"即是否具有"形成权人很难介入形成相对方的法律地位；关于形成原因是否具备，难以认定，易生

---

〔1〕 汪渊智："形成权利论初探"，载《中国法学》2003年第3期。

〔2〕 值得注意的是，该"认定形成权不生效"的判决仅能对本次"形成权的行使行为"产生既判力，不影响权利人于新的形成原因或发生事由成就时，再次行使形成权。

争议；形成效果涉及重大的社会公共利益；形成效果将严重侵犯形成相对方的法律地位，影响其利益重大"等情形之一，来决定该种发生事由下的终止权是属于单纯形成权还是形成诉权。对此，本书将在第四章"承包地收回的实施机制"部分，予以详细阐述。

2. 以形成权所产生法律效果或形成法律关系的性质为标准的类型划分

根据所产生法律效果或形成法律关系性质的不同，可将形成权分为：财产性形成权和人身性形成权。财产性形成权是指形成法律关系的性质为财产权法律关系、产生财产权变动效果的形成权，其又可分为物权性形成权和债权性形成权。物权性形成权行使的法律效果为发生物权变动效果或使物权法律关系发生变动，如用益物权的终止权、共有物分割请求权；债权性形成权行使的法律效果为发生债权变动效果或使债权法律关系发生变动，如合同解除权、抵销权、对效力待定合同的追认权。人身性形成权行使的效果为引起当事人之间身份关系的变动，如收养终止权、离婚权。此种类型划分的实益为：有助于我们确定不同形成权所适用的法律规则及其产生的法律效果。

由"终止权的行使会产生土地承包经营权终止的法律效果"，而"土地承包经营权在我国现行法上又属于用益物权"即可知：终止权属于物权性形成权，其运行应遵循物权法上的相关规则，例如：我国《物权法》确立了"公示要件主义"物权变动模式，所有依法律行为而发生的物权变动都以完成一定的物权公示为要件，那么，要依终止权的行使（属于法律行为）发生土地承包经营权消灭的法律效果，就必须完成一定的物权公示——土地承包经营权的公示方式。

3. 以形成权所保护利益或设定目的为标准的类型划分

根据形成权所保护利益或形成权之设定目的的不同，可将形成权分为：①保护所有权人利益而设定的形成权，其又可根据所有权人所处在的不同法律关系分为保护用益物权关系中所有权人利益的形成权（如土地所有人享有的地上权的撤销权）和保护无权处分中物之所有权人利益的形成权（如无权处分中物之所有权人的追认权）等。②为保护债之关系当事人利益而设定的形成权，其又可根据不同的债之关系及不同的债之关系当事人分为为债权人债权实现及债务人债务履行的方便而设定的形成权（如债之双方当事人的抵销权）、为保护债权人之债权利益而设定的形成权（如合同保全制度中，债权人享有的撤销权）、为保护合同一方或双方当事人的合同利益而设定的形成权（如合同解除权）等。③保护不完全行为能力人利益的形成权，如法定代理人的追认权。④保护善意第三人利益的形成权，如间接代理中第三人的选择权。⑤保护意思表示（因受到不当干涉而）不自由一方当事人利益的形成权，如被胁迫、被欺诈或被乘人之危一方当事人享有的撤销权。[1]

这种类型划分的实益在于便于我们更清晰地发现不同形成权设定的目的及其功能定位。终止权属于保护用益物权关系中所有权人利益的形成权，即当特定事实发生时，赋予土地所有权人单方面终止土地承包经营权的权利，以避免其土地受到来自土地承包经营权人的侵害或保证其设定土地承包经营权之初衷（以其土地保障本集体成员基本生活）的实现。

4. 以形成权的发生事由或形成原因的产生依据为标准的类型划分

根据发生事由之产生依据的不同，可将形成权划分为：约定形成权与法定形成权。约定形成权指"形成原因"由形成权基础法律关系中的双方当事人约定的形成权，如约定合同解除权。法定形

[1]　注意：该种类型划分并没有穷尽所有的形成权，本书在这里只是提供一种新的类型划分思考路径。

权指"形成原因"只能由法律直接作出规定而不允许当事人自由约定的形成权。由于形成权的行使影响形成权相对方利益重大，因此，绝大多数的形成权均为法定形成权。

由我国《物权法》第131条"承包期内发包人不得收回承包地。农村土地承包法等法律另有规定的，依照其规定"以及《农村土地承包法》第55条"承包合同中违背承包方意愿或者违反法律、行政法规有关不得收回、调整承包地等强制性规定的约定无效"的规定，即可知，终止权属于"法定形成权"，终止权的发生事由只能由法律直接作出规定而不允许土地承包关系中的双方当事人自由约定。

5. 以形成权效力所及的主体为标准的类型划分

值得讨论的是，有学者"以形成权效力所及的主体为标准，将形成权分为变动自己与他人之间法律关系的形成权与变动他人与他人之间法律关系的形成权。前者如合同解除权、抵销权等，后者如法定代理人的追认权、债权人的撤销权、权利人对无处分权人所定合同的追认权等。但是，这种划分也不是绝对的，有时候形成权的行使既可以变动自己与他人之间的法律关系，又可以变动他人与他人之间的法律关系。比如《合同法》第403条规定的委托人的介入权和第三人的选择权，当委托人行使了介入权或第三人行使了选择权后，既使委托人与第三人之间建立了合同关系，又使受托人与第三人之间的合同关系得以终止。"[1]

这里有几处值得商榷：其一，"权利人对无处分权人所为的无权处分行为行使的追认权"并非仅仅变动他人之间的法律关系（使无权处分人的行为由效力待定转为确定有效；使标的物第三人取得标的物的所有权），也变动自己与他人之间的法律关系（权利人对

---

〔1〕 汪渊智："形成权理论初探"，载《中国法学》2003年第3期。

标的物的所有权随之消灭；无权处分人若受领了价金则构成不当得利，权利人对其享有不当得利返还请求权），因此，其属于变动自己与他人之间及他人与他人之间法律关系的形成权。其二，委托人的介入权并不能使法律关系发生变动，不属于形成权，而第三人的选择权仅可使其所处法律关系的对方当事人发生变化，仍属于变动自己与他人之间法律关系的形成权，并不能使他人之间法律关系发生变动。其三，法定代理人的追认权，并不属于变动他人与他人之间法律关系的形成权，而属于变动自己与他人之间法律关系的形成权。理由是：代理之法律意义的实质在于，代理人处于被代理人的位置为他进行法律行为；而就它的法律效果而言，把它视为与被代理人自己所为的法律行为相同。代理人尽管自己去为法律行为，但这并不是他自己的而是由他代理的另一个人的法律行为。法定代理的唯一目的是代理那些无法律行为能力或限制法律行为能力从而不可能或仅能在有限程度上实现自己利益的人，以实现他们的利益。[1]可见，从追认权所作用的法律关系（外部关系）来看，尽管在事实上行使追认权的人（法定代理人）和法律关系受追认权影响的人（被代理人）是两个不同的人，但在法律上，法定代理人与被代理人处于相同的法律地位，也就是说，法律将法定代理人的行为视为被代理人的行为，法定代理人行使追认权的行为就是被代理人的行为，所以，追认权仍属于变动自己与他人之间法律关系的形成权。在判断一个形成权是属于"变动他人与他人之间法律关系的形成权"还是"变动自己与他人之间法律关系的形成权"时，应当认清形成权所作用的法律关系（即形成法律关系）是什么，避免将"代理人与被代理人间的内部关系"与"被代理人与第三人间的外部关系"不加区隔地置于同一平台上进行讨论，这样必将造成

---

〔1〕　参见〔德〕卡尔·拉伦茨：《德国民法通论》，王晓晔等译，法律出版社2003年版，第815页。

对当事人法律地位的误判。

本书认为，此种划分方法存在诸多弊端：首先，"同时变动自己与他人之间及他人与他人之间法律关系的形成权"并不在少数，而它们根本无法参与此种形成权的类型划分。其次，此划分标准中的"自己"和"他人"二概念的意义过于模糊，并非严谨的法律概念，不宜作为法学上类型划分的标准。最后，并非所有的形成权都会变动形成权人（与他人之间）的法律关系，此种划分方法将形成权人（自己）作为其类型划分的参照点，必然难以形成逻辑自洽的体系。

因此，应对该种类型划分方法作出修正：由于在形成权法律关系当中，必然要有一个或多个形成权相对方（行使形成权之意思表示针对其作出），而形成权的行使也必然会引起形成权相对方与他人（包括形成权人及形成权人以外的第三人）之间法律关系的变化，所以，可以根据形成权效力所及的主体不同，将形成权划分为：①变动"形成权相对方与形成权人之间"法律关系的形成权（如合同解除权）；②变动"形成权相对方与形成权人以外的第三人之间"法律关系的形成权（如债权人的撤销权）；③同时变动"形成权相对方与形成权人之间"及"形成权相对方与形成权人以外的第三人之间"法律关系的形成权（如无权处分中的追认权）。值得注意的是，一般情况下，"我们可以将法律关系划分为两种，第一种法律关系是，参与这种法律关系的人往往只是一些特定的人，大多数情况里只是两个人，其中，一个人的权利往往只针对另一个人或者针对多数特定的他人。这种法律关系是一种特殊的法律关系，形象地说，是一种法律上的'纽带'，这种纽带仅仅存在于参与者之间，处于这种联系以外的第三人则与之无关。还有另外一种法律关系，如所有权和人格权，它提供给一个人对于所有其他人的权利，是法律提供给一个特定人的自由空间，在这里这个特定的人可以排除所有其他的人。"[1]我们这里的"形成权相对方与形成权人以外的第三人之间的法律关系"仅指第一种法律关系——存在于两个或多个特定人之间的法律关系，易言之，"形成权人以外的第三人"是指特定的第三人，而非除形成权人与形成权相对方以外的所有不特定的其他人。作这种限定的必要性在于：如果不作出这样的限定，则会引起所有使"绝对权"（包括物权、知识产权、人格权等）发生变动的形成权都能被归属于使"形成相对方与形成权人以外的第三人之间"的法律关系发生变动的形成权，这样将使此种形成权类型泛化，失去类型划分对法学研究的应有意义。以终止权为例，予以说明：在终止权行使的场合，当终止权引起土地承包经营权变动时，在所有权人与用益物权人之间法律关系发生变化的同时，用益物权人与不特定的其他人之间法律关系也会发生变化，即原来不特定的他人对用益物权人的不作为义务消灭。但是，我们不能将终止权认定为同时变动"形成相对方与形成权人之间"及"形成相对方与形成权人以外的第三人之间"法律关系的形成权这种类型。因为我们研究的焦点是形成权引起所有权人与用益物权人之间法律关系的变化，至于其引起用益物权人与不特定的他人之间法律关系的变化则是附带性的，不具有能够影响类型归属的研究价值。因此，终止权应属于"变动形成权相对方与形成权人之间法律关系"的形成权。

（五）终止权的理论体系

为对终止权制度提供一个最大限度的全面描述，本书将终止权的理论体系分为外在体系和内在体系，在分别加以论述的基础上，

---

[1]　[德] 卡尔·拉伦茨：《德国民法通论》，王晓晔等译，法律出版社 2003 年版，第 256～257 页。在这里，我们暂且将第一种法律关系称为"存在于两个或多个特定人之间的法律关系"，而将第二种法律关系称为"存在于一个人与所有其他的人之间的法律关系"。

阐述二者之间的意义关联。

1. 终止权的外在体系

终止权的外在体系指终止权制度在法律规范层面上的各个组成部分。终止权的外在体系由以下几个部分组成：①终止权理论的几个基本概念：终止权；终止权人；终止权相对方；终止权法律关系；终止权的基础法律关系；法律上的拘束；异议权；终止权之诉等。②终止权的取得要件：一是终止权取得的实质要件——法定发生事由成就；二是终止权取得的程序要件——履行正当前置程序。③终止权的行使方式：一是通过"单方意思表示"方式行使；二是通过"土地承包经营权终止之诉"方式行使。④终止权的生效：终止权的生效途径及生效条件；终止权的直接法律效果（土地承包经营权消灭）和终止权的间接法律效果（土地承包经营权因终止权的生效而消灭的法律后果）。

2. 终止权的内在体系

终止权的内在体系指终止权法律制度中超越法律规范层面的基本原则或立法价值。终止权制度的立法价值有二：其一，保障土地所有权人（农民集体）特定利益的实现。土地所有权人的特定利益具体指"保持本集体农地的面积及价值，确保承包地被合理使用和保护，防止承包方有减损承包地价值的行为"以及"以承包地为本农村集体成员提供基本生活保障，防止本集体成员以外的人享受集体农地的所有权利益"。终止权制度的设定初衷就是追求这一价值目标的实现。体现该价值目标的具体制度有：终止权的赋予（对集体土地所有权人）；终止权法定发生事由的设置；终止权法律效果的归结（土地承包经营权消灭，发包方收回承包地）。其二，兼顾土地承包经营权人利益的保护。终止权各项运行规则的细致化、明晰化就是这一价值目标的体现，具体的制度有：终止权的取得条件（包括实质要件和程序要件）；终止权行使的成立要件；赋予土地承包经营权人得提起"异议之诉"的权利；在土地承包经营权终止之诉中，发包方负有举证责任等。

三、终止权与物权制度体系的对接

为实现终止权与物权法体系（尤其是物权变动规则）的对接，应对终止权在物权法上的基本属性作出认定。既然终止权的行使会产生"土地承包经营权消灭"的物权变动效力，而行使终止权的行为又属于法律行为[1]，那么，终止权人通过终止权的行使而使土地承包经营权消灭就属于依法律行为而发生的物权变动，终止权人要通过终止权的行使产生土地承包经营权消灭的物权变动效果，（终止权本身及其行使行为）就必须遵循物权的变动规则——符合"依法律行为而发生物权变动的生效条件"。

根据物权法基本原理及中国《物权法》第6条所确立的"物权公示原则"和第15条所确立的"债权与物权的区分原则"，依法律行为而发生物权变动的法律效果必须具备以下条件：其一，处分人须具有处分权。"原则上只有当处分人具有该权利的处分权限时，处分行为才能引起权利的直接移转、变更或者消灭。"[2]简言之，有效的处分行为，以处分人具有处分权为要件。无处分权而处分标的物为无权处分，物权行为的效力未定。其二，物权行为须成立，即必须有"以物权变动为内容"的物权行为且该物权行为首先应"成立"。其三，须符合法律规定的公示要件，即践履法定的物权公示方式。其四，至迟在物权行为生效时，标的物必须客观存在且已

---

〔1〕　终止权属于形成权，有关"形成权的行使方式为以意思表示为要素的法律行为"更详尽的论述，可参见本节"形成权之行使行为的性质"部分。

〔2〕　［德］M. 沃尔夫：《物权法》，吴越、李大雪译，法律出版社2004年版，第184页。

经特定化。[1]在这里，我们要讨论的焦点是：终止权人是否享有（作为物权变动之条件的）处分权。

须对这里"物权变动场合下"的处分权之确切涵义予以究明：在传统民法理论中，处分可分为两种：一种是"事实上的处分"，即通过事实行为对标的物为物理上之改变（如变形、改造或毁损等），其处分的对象为"物"，其处分行为是事实行为，一般认为该项对物为事实处分的处分权仅为所有权人所独有；[2]另一种是"法律上的处分"，即通过法律行为使物上的权利状态发生变动（如将物权让与他人、在物权上设定负担或使物权消灭等），该项处分的对象为"物权"，除非法律有特别规定或对某物权性质有特殊要求，物权人（无论是所有权人还是他物权人）均得依法律行为对其享有的物权进行法律上的处分。[3]

对于"事实上处分"和"法律上处分"这两种在"处分对象、处分行为、处分的后果"等方面都完全不同的处分形态的区分，一直未引起民法学界的重视，如有学者指出："所有权或所有物之处分，有时在法文上难以严格区分，如设定负担，乃属所有权之法律上处分行为，但条文均规定对所有物为之（我国台湾地区"民法典"第832、842、851、860、884条等），即为一证。学者也无自

---

〔1〕 参见（台）王泽鉴：《民法总则》，中国政法大学出版社 2001 年版，第 264 页。孙宪忠：《中国物权法总论》，法律出版社 2009 年版，第 263 页。

〔2〕 关于"用益物权不具有对物为事实上的处分权能"，房绍坤教授指出，尽管用益物权人行使用益物权往往需要对标的物进行一定的变形、改造，但这实际上是用益物权人实现使用、收益权能的前提条件，属于物的改良行为，物的改良与物的事实上的处分是完全不同的。参见房绍坤：《物权法·用益物权编》，中国人民大学出版社 2007 年版，第 34 页。

〔3〕 参见（台）谢在全：《民法物权论》（上册），中国政法大学出版社 1999 年版，第 124 页；房绍坤：《物权法·用益物权编》，中国人民大学出版社 2007 年版，第 33 页。

行限制法文之必要。"[1]然而，科学认识在很大程度上依赖于判断，而判断就是在许多有可能性的命题中判定一个命题。只有当人们能够清晰地区别各种可能性并十分清楚各种可能性的后果时，才能理智地作出命题判定。因此，进行区别、区分、找出差异的能力（即批判能力）对于法律科学的研究具有根本的重要性。[2]基于此，本书认为应当对"事实上处分"与"法律上处分"这两种处分形态作出严格区分：其一，处分的对象不同。前者的处分对象只能是"物"（即物的物理状态），而后者的处分对象只能是"物权"（物的法权状态）。因此，当我们说"对某物的处分"时，只能是指为事实上的处分（不能既包括"事实上的处分"也包括"法律上的处分"）；而当我们说"对某权利的处分"时，才是指为法律上的处分。其二，处分的行为模式不同。前者为事实行为，而后者为法律行为，即处分权人得通过其单方法律行为或依其意思与他人达成双方或多方法律行为，而使物权发生变动。因此，当我们看到一项处分权须以意思表示为之，即其行使方式为"法律行为"时，该处分权必定是"对权利为法律上的处分的处分权"。其三，处分的效果不同。前者为使物发生物理上的改变，如变形、改造或毁损等，而后者为使物权的权利状态发生变动，例如将物权让与他人、在物权上设定负担（如在所有权上设定用益物权）、使物权消灭（如通过抛弃行为使处分人在物上的所有权消灭，使物变为无主物）等。正如 M. 沃尔夫教授所言："处分行为不需要其他的执行行为的配合就直接地对一项权利转让、设定负担、变更内容或者消灭。"[3]其四，

---

〔1〕　参见（台）谢在全：《民法物权论》（上册），中国政法大学出版社1999年版，第125页。

〔2〕　关于"区别"在科学研究中的意义，可参见梁慧星：《民法解释学》，中国政法大学出版社1995年版，第91页。

〔3〕　〔德〕M. 沃尔夫：《物权法》，吴越、李大雪译，法律出版社2004年版，第181页。

处分权的归属不同。一般认为，前者仅为物的所有权人所独有，即只有物的所有权人才能对物为事实上的处分，他物权不具有对标的物为事实上处分的权能；而后者既不为物的所有权人所独有，也不为他物权人所独有。M. 沃尔夫教授在阐述"物权的处分权限归属于何人享有"时，就曾正确地指出，"原则上只有权利所有人（Rechtsinhaber)[1]才有权进行处分"，但是，"权利所有人的处分权可以受到限制，也可以归权利所有人以外的其他人享有。比如在破产程序中，破产管理人有权代替权利人进行处分。破产管理人不是权利所有人，但有权进行处分；相反，破产人是权利所有人，但无权进行处分。"[2]可见，在一定的情形下，依据法律的规定，非权利所有人也可能对"他人享有的物权"享有处分权，最为典型的就是：传统民法中土地所有人（对地上权）的撤销权和土地所有人（对永佃权）的撤佃权。这种由非权利所有人（土地所有权人）享有的处分权具有一定的特殊性：其一，处分权人对处分权的享有来源于法律对某事项的特殊规定，而非基于享有（作为处分对象的）物权的法律地位。其二，处分权的内容为特定，处分权人必须在法律规定的权限范围内进行处分。如撤销权只能以"使地上权消灭"为内容，而不得为让与或在地上权上设定负担等其他内容的处分。其三，处分权享有的时间具有"一时性"。与物权人本人自其取得物权所有人之法律地位时起即享有处分权（对其物权为法律上处分的权能）不同，非权利所有人只有在一定的法律事由成就时，才能取得处分权，且该处分权经一次行使后即消灭，不具有可反复行使

---

〔1〕 这里的"权利所有人"是指作为处分对象的权利（一般指物权）的享有人，他可以是物的所有权人，也可以是物的他物权人。可见，权利所有人由"作为处分对象的权利"决定：当处分对象为"所有权"时，权利所有人就是所有权人；当处分对象为"他物权"时，权利所有人就是指他物权人。

〔2〕 ［德］M. 沃尔夫：《物权法》，吴越、李大雪译，法律出版社 2004 年版，第 184 ~ 185 页。

性[1]。

由物权变动中"发生改变的（即处分对象）是物权状态而非标的物的物理状态；行使处分权的行为（即处分行为）为法律行为（意思表示）而非事实行为"即不难作出判断：作为依法律行为而发生的物权变动之要件的"处分权"仅指对物权为法律上处分的处分权。

终止权完全符合为对物权为法律上处分的处分权的基本特征为：其一，其处分的对象为物权——土地承包经营权；其二，处分的方式为单方法律行为——终止权人得依其单方的"行使终止权以使土地承包经营权消灭"的意思表示而发生处分效果；[2]其三，处分的效果为使物权的权利状态发生变动——使土地承包经营权消灭。

综上，终止权是由土地所有权人享有的，以土地承包经营权为处分对象，以"使土地承包经营权消灭"为特定内容的处分权，属于对用益物权为法律上处分的处分权。

第二节　权利行使型规范模式的证成

一、终止权的运行可以达成发包方收回承包地的结果

终止权的发生"须具备一定的事由"，且该法定事由都是法律

---

〔1〕　可反复行使性是指物权人在一定限度内，可以反复行使其对物权的处分权，如所有权人可以在其所有权上设定负担（如设定用益物权），当该项负担消失后，所有权人可以再次对其所有权为法律上的处分。

〔2〕　由终止权属于形成权，而形成权的行使行为又是以意思表示为要素的"法律行为"即可得出此判断。

基于特定政策目标的考量而作出的强制性规定，不允许当事人以约定排除或改变之。这体现了物权法定的思想，也暗合了收回承包地的事由只能由法律规定的立法政策选择。"终止权的行使"作为用益物权消灭的原因，可引发土地承包经营权的绝对消灭，该权利的消灭将导致承包方对承包地的占有和使用失去权利基础，而变为无权占有，土地所有权人自可请求承包方返还承包地，且无需对土地承包经营权支付任何补偿。

更重要的是，沿着终止权行使的逻辑构造承包地收回制度，该制度面临的诸多问题不言自明。我国现行法的规定虽能表明"承包地收回"的法律效果为土地承包经营权消灭，但对于"消灭的效力是否具有溯及力"、"土地承包经营权消灭的法理依据是什么"、"土地承包经营权消灭是法定事由成就后的当然结果还是行使权利的结果"，"如果是权利行使的结果，那么该权利的性质、运行程序是什么"等问题，并没有明确规定。而按照终止权运行的逻辑配置承包地收回的制度安排，由于该权利在权利的性质、行使方式、行使程序、法律效果等方面均有成熟的法理，可以为法律漏洞的弥补提供丰富的制度资源，所以，这不仅可以使法律漏洞的存在不致妨碍制度运行，也可以为将来的制度完善奠定基础。

二、终止权的制度设计实现了当事人之间的利益平衡

在保护土地所有权人利益的方面，终止权具有加强所有权保护的功能。《物权法》设定了用益物权性质的土地承包经营权，其功能在于使土地的利用关系物权化，巩固承包方对土地的占有、使用和收益，赋予农民充分而有保障的农地使用权：一方面，使土地承包经营权人得对抗来自第三人的侵害；另一方面，也确立了承包方相对于发包方（土地所有权人）的独立法律地位。但毫无疑问，土地承包经营权人违反合理使用和保护承包地的法定义务，构成对发

包方土地所有权的侵害。不仅如此，在用益物权人侵害土地所有权的场合，侵权人的法律地位较普通侵权人具有特殊性：其一，用益物权人为土地的实际支配者和有权占有者，这使得用益物权人侵害所有权的行为更为便利和直接。其二，用益物权人与所有权人一样，也享有排他性的物上请求权。而且在很多场合下，用益物权具有优于所有权的效力，得对抗来自所有权人的干涉。这使得用益物权人侵害所有权的行为更加难以遏制。[1]很明显，在用益物权人侵权的场合，所有权固有的物上请求权与侵权法保护机制难以克尽其功。与侵权人法律地位的特殊性相对应，法律应给予土地所有权人特殊救济手段——当一定条件具备时，赋予土地所有权人得以单方意思表示终止用益物权的权利，以结束用益物权人对土地的有权占有。在巩固所有权人法律地位的同时，终止权的制度设计也兼顾了土地承包经营权人利益的保护，符合法的"比例原则"：终止权的行使受到来自法定条件及正当程序上的制约，可以有效避免发包方滥用权利，侵害土地承包经营权人的合法权益：首先，终止权的取得必须具备法律规定的要件事实，只有当特定的要件事实具备时，发包方才能取得终止权，这从根本上排除了发包方假借其他合法理由滥用权利的可能性。其次，对终止权的行使有正当程序上的规制。发包方在行使终止权时，必须遵循特定的程序，否则，不发生土地承包经营权消灭的效力。如在行使终止权之前，发包方应对承包方的违法利用行为予以制止或通知其改善对土地的利用。

三、终止权的机制具有可执行性

赋予土地所有权人终止权的制度设计最有利于"将农村集体土地作为农民基本生活保障和确保土地的合理利用及保护"这两项法

---

〔1〕　房绍坤：《物权法·用益物权编》，中国人民大学出版社2007年版，第48页。

政策目标的实现。法律只有被信仰时才能获得个体对法律所追求目标的回应、支持与合作。信仰法律是一个演进的理性选择过程[1]也就是说，人们信仰法律的动机是相当功利性的，它缘起于法律可能给人们带来的各种便利和利益。个人的利己本性是一切社会关系形成和展开的人性基础，制度无法改变人性，只有对人性保持充分的尊重，使私人成为制度的合作者和利用者，这样才能统合国家和个人的能力和资源，更有效地促成秩序的形成。[2]在承包地收回的制度选择上，应充分意识到制度必须为私人所需要，在私人利益满足的过程中，制度才能得到最有效的实施，法律所追求的价值目标也才能得到实现。

由农民构成的各等级集体[3]作为土地所有权人无疑是最为关心土地状况的人。无需任何激励机制，土地所有权人就有足够的动力去监督土地的使用情况（土地是否被按照其本来用途而使用、土地的肥力是否减损、土地上是否被修建房屋、土地是否遭到破坏等）。当其土地因被不当使用、连续抛荒弃耕而肥力减损或直接遭受永久性损害时，基于农民对土地利用状况的关心，土地所有权人会比任何行政执法主体更积极、及时、有效地阻止减损土地价值的行为。终止权及其行使的主要功能虽不在于指导或干预人们的行为，却赋予所有权人终止土地承包经营权的行为以法的效力，使相关制度在私人追求私益的路径上获得了自我可执行性。即使自国家的立场和角度观察，终止权及其行使作为管制辅助工具的自治规范，也完全可以私益为诱因，借助私人的执行，来达成管制的目的

---

〔1〕 苏力：《制度是如何形成的》，中山大学出版社1999年版，第248页。

〔2〕 参见蔡立东：《公司自治论》，北京大学出版社2006年版，第135～138页。

〔3〕 农民集体所有有三种主要形式：一是村农民集体所有；二是村内两个以上农村集体经济组织的农民集体所有；三是乡（镇）农民集体所有。参见《土地管理法》第10条。

及公益的实现。

四、终止权的逻辑是大陆法系的公共选择

对外国立法例及判例学说的比较研究，可供发现不同的规范模式及共同的正义观念，得作为立法及法律适用（法律解释、概括条款的具体化及类型化、填补法律漏洞）的参考，深具意义。[1]我国台湾地区及许多大陆法系国家在规范农地使用权上，都采取了"在土地使用人不当使用土地或违反法定义务时，经土地所有人警告提示后仍不改正的，赋予土地所有人终止权"的立法模式，如我国台湾地区"民法典"物权编第850条之6规定，农育权人应依设定之目的及约定之方法，为土地之使用收益；未约定使用方法者，应依土地之性质为之，并均应保持其生产力或得永续利用。农育权人违反前项规定，经土地所有人阻止而仍继续为之者，土地所有人得终止农育权。农育权经设定抵押权者，并应同时将该阻止之事实通知抵押权人。《德国地上权条例》第9条第3项；《日本民法典》第266、276条也有类似规定。晚近的《阿尔及利亚民法典》更具代表性，第866条规定，如果划拨给集体组织成员的土地使用权的权利人因自身的过错长期不行使其权利，或未经许可将之转移于他人，或违背课加给使用权的无论何种义务而不顾就此问题已对他作出的警告，有权机关可撤销之。[2]这种统合终止权的发生条件（法定事由）、行使程序集中规定的立法模式，值得借鉴。

---

〔1〕　参见（台）王泽鉴：《法律思维与民法实例》，中国政法大学出版社2001年版，第228页。

〔2〕　参见房绍坤：《物权法·用益物权编》，中国人民大学出版社2007年版，第210页。

◆ 第三章 ◆

承包地收回的发生机制

——终止权的取得

前文中，我们已将承包地收回的法律意蕴诠释为土地承包经营权因终止权的行使而消灭，而终止权的行使又以终止权的取得为前提。终止权的取得，是指终止权在法律上归属于发包方，或者说发包方享有终止权的状态。本章拟将终止权的取得作为承包地收回的发生机制。

第一节　终止权取得的实质要件
——法定发生事由成就

发包方（土地所有权人）并非自土地承包关系有效成立时起即享有终止权，而是以一定的法定发生事由成就，作为其取得终止权的实质要件。

由于承包地收回直接导致土地承包经营权这项财产权的丧失，而在签订承包合同的实践操作中，承包方又往往处于经济上弱者地位（谈判中被动的一方），所以基于"保护土地承包经营权人利益"的考虑和"物权法定原则"的内在要求，《物权法》第131条规定，除法律另有规定以外，承包期内发包方不得收回承包地。该条的性质为"法的强制规定中的强行规范"。对此，《农村土地承包法》第55条更有针对性地规定，承包合同中违背承包方意愿或者违反法律、行政法规有关不得收回、调整承包地等强制性规定的约定无效。因此，承包地收回的发生事由，只能由法律直接作出规定，不允许当事人自由约定。然而，我国现行法关于承包地收回之发生事由的规定还只是零散地分布于各部门法之中，并未形成逻辑一贯、内容完整的规范体系。因此，本书试图在尊重现行法规范、探明立法者的规范意旨的基础上，对"承包地收回应然的法定发生事由"，从解释论及立法论的层面提出自己的观点，进而将有关承包地收回之发生事由的法律规则整合成一套逻辑统一、结构清晰、准确体现立法意图的规范体系。

首先需要讨论的是，"承包地调整的情形是否应构成发包方收回承包地的法定事由"。承包地调整是指在承包期内，当发生自然灾害严重毁损承包地等特殊情形时，经过法定程序，发包方得将"未受损失的农户"的部分承包地收回，并在其上为"因特殊情形遭受损失的农户"设定新的土地承包经营权，以保障集体成员平等享有本集体土地利益的法律制度。我国《农村土地承包法》第27条第2款规定，承包期内，因自然灾害严重毁损承包地等特殊情形对个别农户之间承包的耕地和草地需要适当调整的，必须经本集体经济组织成员的村民会议2/3以上成员或者2/3以上村民代表的同意，并报乡（镇）人民政府和县级人民政府农业等行政主管部门批准。承包合同中约定不得调整的，按照其约定。通说认为，该条是关于"承包地调整"的规定。不难看出，从承包地被收回的农户角度观之，承包地的调整实际上就是承包地收回制度的一种法定事由，该事由具体包括三种情形：其一，部分农户因自然灾害严重毁损承包地的；其二，部分农户的土地被征收或者用于乡村公共设施和公益事业建设，丧失土地的农户不愿意"农转非"，不要征地补偿等费用，要求继续承包土地的；其三，人地矛盾突出的。人地矛盾突出一般是指因出生、婚嫁、户口迁移等原因导致人口变化比较大，新增人口比较多，而新增人口无地少地的情形比较严重，又没有其他生活来源的。[1]

该项法律制度"保障无地农民的基本生活、维护平均地权之社会公平"的立法意图，实值肯定。然而，其在为实现该项立法意图而选取的法律手段上存在严重问题：该制度设计将"平均地权"的社会公平观念（将本集体土地利益在全体成员中公平分配）与民法上的公平原则相混淆，将集体内部各成员间的关系与集体外部的各土地承包经营权人（用益物权人）之间的关系相"混同"，在缺乏民法上之正当性基础的情况下即收回农户的承包地，与物权法的基本理念相悖，以至于其无法被镶嵌到物权法秩序当中，或者退一步讲，即使被强行镶嵌到物权法规范体系当中，承包地调整制度也无法与其他制度相互配合，得到来自体系的支撑，凭借制度的整体强度，获得发挥实效的必要条件。

民法上体现"公平原则"的法律制度主要是"情势变更原则"和"公平责任"。情势变更原则是指在法律关系存续期间，当作为法律关系存在之前提的情事，因不可归责于当事人的事由发生事先不可预料的变更，从而使双方当事人之间的利益严重失去平衡时，应通过协商或由法院作出裁定，对法律关系的内容进行调整，以求得双方利益的重新平衡的法律原则。公平责任，就是在损害既非高度危险来源所致，加害人又无主观过错，导致受害人既不能根据过错责任原则，也不能按无过错责任从加害人处获得赔偿，造成显失公平的局面时，授权法官基于公平的考虑，斟酌加害人与受害人双

---

〔1〕 参见胡康生主编：《中华人民共和国农村土地承包法释义》，法律出版社 2002 年版，第 77 页。

方的经济状况，判令加害人赔偿被害人一部分或全部损失的法律规定。[1]通过对比观察可以发现，民法基于公平原则使某人分担某项损害后果，必须满足两个条件：其一，分担损害后果之人须与损害之间具有某种牵连关系，要么与受害人同属于某一法律关系的当事人，要么是损害行为的发出者；其二，关于是否或如何在当事人之间分担损失，必须由与该项损害分担之间没有利害关系的中立者——法院作出决定。

而在"承包地调整"的场合，被收回承包地的土地承包经营权人既不属于其他土地承包法律关系的一方当事人[2]也未实施任何导致损害发生的行为，也即是说与损害之间不存在任何民法上的牵连关系，而仅仅是因其他的土地承包经营权人因不可抗力等特殊情况遭受损失，就要承受"部分承包地被无偿收回"的财产损失，而且，对于"是否或如何收回承包地"享有最终决定权的，并非处于中立地位的法院，而是土地所有权人（集体经济组织的村民会议）和人民政府，这显然不是物权法处理问题的方式，与物权法的基本理念背道而驰。由于"承包地调整"已经超出了民法的限度，不能在物权法体系内得到实现，因此，本书主张废除《农村土地承包法》第27条第2款关于"承包地调整"的规定，寻求其他的法律解决途径。实际上，我们完全可以通过缩短承包期限[3]、强化农民集体再次分配本集体土地之权利的方式，使农民集体能够收回承包地并按照"平均地权"的社会公平观念将农地分配给本集体的

---

〔1〕 参见徐国栋：《民法基本原则解释——以诚实信用原则的法理分析为中心》，中国政法大学出版社2004年版，第54~59页。

〔2〕 我国《物权法》已将土地承包经营权定性为用益物权，集体土地所有权人在各承包地上为不同的农户设定土地承包经营权从而创设了多个完全互相独立的土地承包法律关系。每一个土地承包法律关系（用益物权关系）的当事人仅为集体土地所有权人（农民集体）和土地承包经营权人（农户），而不包括本集体内的其他农户。

〔3〕 建议将耕地和草地的承包期缩短至10年到15年。

"待地农民",保障其基本生活。

一、承包方家庭消亡

发包方将土地发包给农户经营时,实行"按户承包、按人分地",即按照每户所有成员的人数来确定承包土地的份额,农村集体经济组织内部"人人有份",由于每个集体经济组织成员在本集体经济组织中均享有成员权,也由于农村土地是农民的基本生产资料,也是他们的基本生活保障,因此,每个农村集体经济组织的成员都享有土地承包权[1],基于同样的政策取向与逻辑,《物权法》与《农村土地承包法》关于收回承包地的条件即发包人终止权的发生事由的规定,采取了将土地承包经营权与农村集体经济组织成员权绑定的模式,即只有承包方失去集体经济组织成员资格才构成承包地收回的事由,发包方不能以其他事由收回承包地。由此,形成了"不允许农民失去土地的制度。所谓不允许是两个含义:其一,不允许组织和个人剥夺农民的土地承包权;其二,也不允许农民为了眼前利益随随便便丢掉自己的土地。在整个社会没有别的手段替代土地作农民的保障的时候,土地你必须有着"[2]值得注意的是,由于以家庭承包方式取得的土地承包经营权的主体(即承包方)为由集体经济组织成员组成的"农户家庭"(即所谓的以户为生产经营单位[3])而非单个的集体经济组织成员,所以,这里的"承包方失去集体经济组织成员资格"实际上是指作为承包方的农户家庭内的全体成员均失去本集体经济组织成员资格,从而引起该农户家

---

〔1〕 胡康生主编:《中华人民共和国农村土地承包法释义》,法律出版社 2002 年版,第 16 页。

〔2〕 陈锡文:"让农民自己为土地做主",载《南方周末》2001 年 11 月 1 日。

〔3〕 关于"家庭承包的承包方是本集体经济组织的农户",可参见胡康生主编:《中华人民共和国农村土地承包法释义》,法律出版社 2002 年版,第 41 页。本书将"农户"的法律属性认定为"个人合伙",适用有关个人合伙的法律规定。

庭消亡的情况。

（一）《农村土地承包法》第 26 条第 3 款确立了"将土地承包经营权与承包方集体经济组织成员资格绑定"的模式

《农村土地承包法》第 26 条第 3 款规定，承包期内，承包方全家迁入设区的市，转为非农业户口的，应当将承包的耕地和草地交回发包方。承包方不交回的，发包方可以收回承包的耕地和草地。法律之所以在此种情形下赋予发包方收回承包地的权利，其立法理由为："承包方全家迁入设区的市，转为非农业户口的，他们已经不属于本集体经济组织成员，不宜再享有在农村作为生产生活基本保障的土地承包经营权。在设区的市，社会保障制度比较健全，承包方在承包期内全家迁入设区的市并转为非农业户口，就可以享有城市居民最低生活保障等社会保障。如果允许承包方保留其承包地，就会使其既享有土地承包经营权，又享有城市社会保障，有悖社会公平。而在我国农村，由于人多地少，大部分地区存在人地矛盾，应当将承包地收回，用于解决农村的人地矛盾。"[1] 可见，《农村土地承包法》第 26 条第 3 款所体现的法之规范意旨为：当前，土地承包经营权仍然被作为农村基本生活保障而存在。为保障土地承包经营权这项制度功能的发挥，维护社会公平，当承包方全体家庭成员因迁出而失去了本集体经济组织成员资格，并且已经享有了其他相应的社会保障（如城市居民社会保障、其他集体经济组织的基本生活保障）时，发包方得终止其土地承包经营权，收回承包地。从而，确立了"将土地承包经营权与承包方集体经济组织成员资格绑定"的模式。

但是，该条并未能穷尽可能引起"作为承包方的农户家庭消亡"的全部情形，需要结合《农村土地承包法》第 30、31 条的有

---

〔1〕　胡康生主编：《中华人民共和国农村土地承包法释义》，法律出版社 2002 年版，第 74 页。

关规定予以补充。

（二）农户全体家庭成员迁入其他农村集体经济组织且在该新居住地已经取得了土地承包经营权的情形应构成承包地收回的发生事由

《农村土地承包法》第30条规定，承包期内，妇女结婚，在新居住地未取得承包地的，发包方不得收回其原承包地；妇女离婚或者丧偶，仍在原居住地生活或者不在原居住地生活但在新居住地未取得承包地的，发包方不得收回其原承包地。如前所述，《物权法》第131条、《农村土地承包法》第26条第1款已经对承包地收回作了原则性规定——承包期内，除农村土地承包法等法律另有规定的情形外，原则上，发包人不得收回承包地。按照法秩序的内在逻辑，法律已无需再设专门条款规定哪种情形"不得收回"承包地。那么，《农村土地承包法》第30条如此累赘规定，从立法技术的角度来看，除了具有高度重视农村妇女权益的保护这一价值宣示作用之外，并无法律适用上的实际价值。[1]

然而，该条文除了有"强调对妇女权益的保护。在土地承包问题上，农村妇女享有与男子同等的权利"这层含义外，还蕴含着另外一条有关"农户家庭成员由原居住地迁入其他集体经济组织，且在该新居住地已经取得了土地承包经营权的情形，原居住地的发包方得否收回其承包地"的法律规则。按照中国当前立法，家庭承包的承包方是本集体经济组织的农户。农户家庭中部分成员死亡或迁出（失去本集体经济组织成员资格）的，由于作为承包方的农户仍然存在，因此不发生"承包地收回"的问题，由农户家庭中的其他

---

[1] 参见陈小君等：《农村土地法律制度研究——田野调查解读》，中国政法大学出版社2004年版，第359页。

成员继续承包。[1]在此，该条只需解决"因农户家庭成员迁出而导致其原农户家庭消亡的，原居住地的发包方得否收回其承包地"的问题。

按照《农村土地承包法》第30条的规定，对于"迁出成员在新居住地尚未取得土地承包经营权"的情况，即使迁出成员已经失去了原居住地集体经济组织成员资格，其仍可继续享有在原居住地的土地承包经营权，发包方不得收回其承包地。对于"迁出成员已经在新居住地取得了土地承包经营权"的情况，法律未设规定，然而，这并非立法者有意不予规定，而是属于法律之漏洞。应依据《农村土地承包法》第26条确立的法之规范意旨，运用反面推论方法，对漏洞予以填补：土地承包经营权具有农村基本生活保障的功能，当迁出成员已经在新居住地取得了土地承包经营权时（其已经在新居住地享有了农村基本生活保障），为维护社会公平，缓解人地矛盾，其在原居住地享有的土地承包经营权应当归于消灭，由原居住地的发包方收回承包地。由此，我们可推导出另一条关于"终止权之发生事由"的法律规则：在因农户全体家庭成员迁入其他集体经济组织而引起原农户家庭消亡的情况下，当该迁出成员在新居住地取得了土地承包经营权时，原居住地的发包方得终止其原土地承包经营权，收回承包地。

在立法者将该法律规则以法律条文的形式确认下来以前，对于"农户成员迁出导致其原所在农户家庭消亡，且其在新居住地已经取得了土地承包经营权"的情形，应当类推适用《农村土地承包法》第26条第3款关于"发包方可以收回承包地"的规定。

（三）农户全体家庭成员死亡应构成承包地收回的发生事由

对因农户全体家庭成员死亡导致作为承包方的农户家庭消亡的

---

〔1〕　参见胡康生主编：《中华人民共和国农村土地承包法释义》，法律出版社2002年版，第86页。

情形，发包方得否收回承包地，法律并未设明文规定。但是，规整该事项的法律规则可以由《农村土地承包法》第31条中推导出来，其立法释义指出："对继承的问题应当考虑我国土地承包的性质和实际情况。农村集体经济组织内部人人有份的家庭承包是农村集体经济组织成员的一项权利，具有成员权的性质和保障农民基本生活的功能，如果承包时承包方的继承人不是该集体经济组织的成员，在其他农村集体经济组织或者城镇落户，也就没有对土地承包经营权的继承权。如果承包方的继承人是本集体经济组织的成员，例如承包方的子女结婚后在本村单独立户，如果其已经依法承包了一份土地，再允许继承，将因继承而获得两份承包地，在我国目前农村人多地少，人地矛盾比较突出的情况下，有失公平。因此，从我国的实际情况出发，为缓解人地矛盾，体现社会公平，对因承包人死亡，承包经营的家庭消亡的，其承包地不允许继承，应当由集体经济组织收回，并严格用于解决人地矛盾。"[1]

由此可知，立法者从合目的性的角度，运用反面推论方法[2]，从《农村土地承包法》第31条中推导出一条新的法律规则——承包期内，在因全体家庭成员死亡导致作为承包方的农户家庭消亡时，其承包的耕地和草地（上的土地承包经营权）不允许继承，应当由集体经济组织收回。即将"因全体家庭成员死亡而导致作为承包方的农户家庭消亡"作为承包地收回的发生事由之一。

综上所述，应统合《农村土地承包法》第26条确立的"土地承包经营权与农户集体经济组织成员资格绑定"的立法模式及第

---

〔1〕 参见胡康生主编：《中华人民共和国农村土地承包法释义》，法律出版社2002年版，第74页。

〔2〕 这里的"反面推论"是指由反于法律规定的构成要件而导出与法律效果相反的推论。惟此项构成要件须为法律效果的充分且必要条件。此应依解释加以认定，故反面推论非纯属逻辑操作，而是具有规范目的性评价活动。参见（台）王泽鉴：《法律思维与民法实例》，中国政法大学出版社2001年版，第259页。

30、31 条的"推导规则",将"承包期内,承包方全体家庭成员有迁入设区的市,转为非农业户口;迁入其他集体经济组织,且在该新居住地已取得土地承包经营权;死亡这三种能够引起作为承包方的农户家庭消亡的情形",确定为承包地收回的发生事由。

二、承包方违反保护与合理利用农地之法定义务

强化土地承包经营权用益物权属性及其基本生活保障功能的制度固然可取,并应坚持,但如果基于对《物权法》、《农村土地承包法》的片面理解,忽视承包方的义务,将土地承包经营权强化到连土地所有权都无法企及的绝对性,承包方可以为所欲为,发包方却无可奈何,以用益物权侵蚀甚至虚化所有权,形成事实上的弱所有权、强经营权的权利结构,不仅颠倒了所有权与用益物权的固有逻辑,也不利于保障土地被合理利用之目标的实现,更为现实的是,因受困于集体行动的逻辑,使为农业生产所必需的集体灌溉、机耕道修建、植保等公共品供给无法实现。[1]这既不能实现土地承包经营权物权性所欲发挥的制度价值,也不能得到农户的理解和集体的严格执行。[2]要提高农民农业生产的效率,最主要的办法是以集体土地所有权为依托,提供超出农户层面合作的基础。如果农村集体即使保留了法律上的土地所有权,而在事实上丧失了对土地的权利,也会成为一个空壳,村民自治就缺少了经济基础。集体所有权作为"农村生产发展、农村民主政治发展、农村经济社会协调发展、承接国家和社会各方面支持新农村建设"的基础,应当坚持并

---

〔1〕 贺雪峰:《地权的逻辑——中国农村土地制度向何处去》,中国政法大学出版社 2010 年版,第 5 页。更详细的论证参见贺雪峰:《地权的逻辑——中国农村土地制度向何处去》,中国政法大学出版社 2010 年版,第 83 ~ 138 页。

〔2〕 实地调查结果显示,大多数农民(74.10%)并不认同现行政策对土地承包经营权物权性的极端维护。参见陈小君等:"后农业税时代农地权利体系与运行机理研究论纲",载《法律科学》2010 年第 1 期。

完善。[1]在特定条件下，收回承包地是集体土地所有权的内在权能，也是所有权发挥作用的重要机制，有必要结合《土地管理法》的相关规范，重整承包地收回的事由，以构造强所有权、强经营权，而非强经营权、弱所有权的农村土地二元权利结构。

（一）承包方连续 2 年弃耕抛荒应构成发包方终止权的发生事由

《土地管理法》第 37 条第 3 款规定，承包经营耕地的单位或者个人连续 2 年弃耕抛荒的，原发包单位应当终止承包合同，收回发包的耕地。这里的问题是：是否可以因《农村土地承包法》未有明确规定而否定该法对土地承包经营关系的适用？是否可借由《物权法》第 131 条的规定将《土地管理法》第 37 条第 3 款转接到体现为用益物权终止的承包地收回制度体系中来？

对此，行政机关[2]和司法机关[3]均一度持否定态度。学界本着强化土地承包经营权物权效力的立场，以虽然《土地管理法》第 37 条第 3 款规定了抛荒弃耕收回承包地，但是，《物权法》、《农村土地承包法》并没有关于弃耕抛荒收回承包地的规定为由，主张在承包方弃耕抛荒情况下，不宜采取由发包方收回承包地的做法，而

---

〔1〕 关于集体所有权的重要性，参见韩松："农民集体所有权是新农村建设法律保障的制度基础"，载《西北农林科技大学学报》（社会科学版）2007 年第 4 期。

〔2〕 国务院办公厅《关于妥善解决当前农村土地承包纠纷的紧急通知》（国办发明电〔2004〕21 号）要求："要严格执行《农村土地承包法》的规定，任何组织和个人不能以欠缴税费和土地撂荒为由收回承包地，已收回的要立即纠正，予以返还。"

〔3〕 最高人民法院《关于审理涉及农村土地承包纠纷案件适用法律问题的解释》（法释〔2005〕6 号）第 6 条第 1 款规定："因发包方违法收回、调整承包地，或者因发包方收回承包方弃耕、撂荒的承包地产生的纠纷，按照下列情形，分别处理：①发包方未将承包地另行发包，承包方请求返还承包地的，应予支持；②发包方已将承包地另行发包给第三人，承包方以发包方和第三人为共同被告，请求确认其所签订的承包合同无效、返还承包地并赔偿损失的，应予支持。但属于承包方弃耕、撂荒情形的，对其赔偿损失的诉讼请求，不予支持。"

应实行由发包方委托他人代为耕作抛荒承包地的做法[1]即使抛开委托他人代为耕作是否可行[2]不论，这一结论值得商榷。

自解释论的角度分析，《土地管理法》第37条第3款是调整土地所有权人与用益物权人关系的有效规范。诚然，《物权法》、《农村土地承包法》没有关于因弃耕抛荒收回承包地的规定，但其也未排除《土地管理法》等其他法律规定承包地收回事由的可能性，事实上，《物权法》第131条还开通了依法设定承包地收回事由的通道。首先，在我国的法律体系中，《农村土地承包法》与《土地管理法》都属于法律，其效力位阶相同。当相同位阶的法律渊源之间出现冲突时，应根据新法优于旧法原则确定其适用。现行《土地管理法》于2004年8月28日最后一次修订，而《农村土地承包法》出台于2002年8月29日，相对于后者，前者可以视为新法。当《土地管理法》与《农村土地承包法》就同一个法律问题有不同规定时，应当以《土地管理法》排除《农村土地承包法》的适用，而不是相反。其次，《土地管理法》第37条第3款与《物权法》、《农村土地承包法》不存在冲突，即未就同一法律问题作出不同的或相矛盾的规定。《物权法》第131条规定，承包期内发包人不得收回承包地。农村土地承包法等法律另有规定的，依照其规定。由此，发包方得收回承包地的条件（事由），必须要由《农村土地承包法》等法律作出明文规定。应当注意的是，这里的表述为"农村土地承包法等法律另有规定的"而非"农村土地承包法另有规定的"。可见，《物权法》并未赋予《农村土地承包法》垄断承包地

---

〔1〕　参见房绍坤：《物权法·用益物权编》，中国人民大学出版社2007年版，第118页。

〔2〕　这里存在的问题择其要者有：委托代为耕作关系的法律结构如何；发包方与承包方关系、发包方与耕作方关系以及承包方与耕作方关系的法律性质如何；发包方的法律地位如何；耕作投入如何承担；耕作方的报酬如何计算，向谁主张；收益如何分配；风险如何负担。

论我国农村承包地收回制度的权利逻辑

收回事由的地位，立法者意在通过其他相关法律的外接于《物权法》，共同构造承包地收回法律制度，包括但不限于《土地管理法》的其他法律，可以依据《物权法》第131条的规定，基于特定的政策目标，对承包地收回的条件作出具体规定。再次，法律的效力高于行政法规。国务院办公厅《关于妥善解决当前农村土地承包纠纷的紧急通知》在效力位阶上至多属于"行政法规"[1]，不能成为排除《土地管理法》第37条第3款适用的有效法律依据。最后，司法机关在此问题的立场，更有僭越立法之嫌。最高人民法院《关于审理涉及农村土地承包纠纷案件适用法律问题的解释》第6条将在事实上排除《土地管理法》第37条第3款的适用。但最高人民法院只能作法律解释[2]，而没有超出法律条文的字面含义范围对法律作填补或修改的权力，更没有通过司法解释废止已经生效的基本法律条文的权力。[3]正如王泽鉴先生所言："尊重文义，为法律解释正当性的基础，旨在维护法律尊严及其适用的安全性。"显然，法院通过司法解释排除《土地管理法》第37条第3款适用的行为已经超出了全国人大常委会授予其的司法解释权限范围，应属无效。综上，《物权法》、《农村土地承包法》未对"承包方连续2年弃耕抛荒"问题作出规定，《土地管理法》对此设其规定，并无不妥，应具有法律效力。

《土地管理法》的性质也决定了其具有规范民事法律关系的效力。《土地管理法》是兼顾土地管理和土地权利的法律，"不单纯是

---

〔1〕 况且该通知的发出时间为2004年4月30日，全国人大常委会第二次修正《土地管理法》时间为2004年8月28日，相较于该通知，《土地管理法》为新法。

〔2〕 全国人民代表大会常务委员会《关于加强法律解释工作的决议》（1981年6月10日第五届全国人民代表大会常务委员会第19次会议通过）明确规定"凡属于法院审判工作中具体应用法律、法令的问题，由最高人民法院进行解释"。

〔3〕 《立法法》第53条第2款规定："法律部分条文被修改或者废止的，必须公布新的法律文本"。

一部规范行政管理的法律，也不单纯是一部普通的民事法律，而是一部涉及多种法律关系的单行立法，或者说它是一部涉及面较广的经济法律。"[1]其不仅明确了土地管理方面的法律关系（行政法律关系），也规范了土地利益相关者的权利关系（民事法律关系）。现代民法必须兼容政策性规范，也就是以政策性规范的外接模式替代内设模式。通过这种模式转换，"政府"恒可以另行针对特定政策目的而订定特别民法，不改变法典内在价值的一致性，而与其共同组成广义的民法。[2]《土地管理法》第 37 条第 3 款正是这样的政策性特别民事规范，其调整对象为发包方与承包方之间有关承包地收回的民事法律关系。

此外，不能脱离我国农村土地问题的历史背景，抽象地理解和执行行政机关和司法机关的一时政策取向。2004 年前后由于土地负担减轻[3]和落实到具体农地的农业补贴逐年增加[4]以及城市化进程中农村土地被征用产生的巨额补偿，农民可以从土地中获取更多的利益，而纷纷主张自己的土地权利，之前抛荒弃耕的农民也回村要地，出现了严重的农地纠纷。行政机关和司法机关的前述政策取向正是应对此一具体问题的产物，但在既定的土地制度下，各

〔1〕卞耀武、李元主编：《中华人民共和国土地管理法释义》，法律出版社 1998 年版，第 5 页。

〔2〕参见（台）苏永钦：《走入新世纪的私法自治》，中国政法大学出版社 2002 年版，第 6 页。

〔3〕从 2000 年起，国家在安徽等地开展农村税费改革试点，2002 年试点扩大到 20 个省、自治区、直辖市，试点地区农民负担平均减轻 30%。2002 年不再允许村一级统筹收取共同生产费，2003 年农业税附加取消。温家宝总理 2004 年 3 月 5 日在《政府工作报告》中宣布"从当年起，逐步降低农业税税率，平均每年降低 1 个百分点以上，5 年内取消农业税"。2006 年 1 月 1 日《农业税条例》废止，全国彻底取消了农业税及其他各种专门针对农民收取的税费。

〔4〕自 2004 年开始，国家针对农民的补贴越来越多，到了 2008 年，国家给一般农业地区农民的亩平均补贴已经超过百元。参见贺雪峰：《地权的逻辑——中国农村土地制度向何处去》，中国政法大学出版社 2010 年版，第 48 页。

方土地权利被厘清，而国家宏观政策，也不大可能再发生大的改变，农民的利益预期也因此稳定下来，农民关于土地的纠纷也就不再发生了，事实也是如此，在 2004 年前后爆发的农地纠纷，到了 2005 年以后，很快就消失了。[1] 行政机关和司法机关当时的政策取向，不仅存在有悖法理的问题，而且只能理解为特定时期应对特定问题的权宜之计，是在农地政策调整场合，对发包方终止权行使的约束，而非废止终止权本身，是一时性的政策选择，而非恒久的法律立场。由此，随着农村土地政策的稳定，由政策调整引发的土地纠纷已经完全成为历史性问题，针对此一特定问题的前述行政机关以及司法机关的立场也不应再有适用的余地。

自立法论的角度分析，土地用途管理是世界上绝大多数国家的通则，与土地所有制无关[2]，农地使用权人未依法定方式使用农地，构成所有权人终止用益物权的法定事由[3]，以达地尽其利之目的，并兼顾农用权人与土地所有人间利益之平衡。我国农村有两类完全不同的土地：一类是非农使用的建设用地；一类是只能用于农业用途的农地。根据《农村土地承包法》，发包方发包、由承包方承包经营的农村土地只能依法用于农业，农村土地承包应当遵守法律、法规，保护土地资源的合理开发和可持续利用。未经依法批准不得将承包地用于非农建设。可见，设定土地承包经营权的目的在于保障承包方利用承包地进行农业生产，为承包方提供基本的生

---

〔1〕 贺雪峰：《地权的逻辑——中国农村土地制度向何处去》，中国政法大学出版社 2010 年版，第 178 页。

〔2〕 贺雪峰：《地权的逻辑——中国农村土地制度向何处去》，中国政法大学出版社 2010 年版，第 17 页。

〔3〕 其理由为：土地所有权人设定农用权于农用权人，多重于农用权人能有效使用其土地或设置于土地上之农用工作物，而以之出租于他人借以从中得利，将与土地所有权人同意设定农用权的原意不符。参见（台）谢在全：《民法物权论》（中册·修订 3 版），2005 年自版，第 180 页。

活保障，同时促进农村生产力发展。在为承包方流转土地承包经营权提供了转包、出租、互换、转让、股份合作等较其他国家和地区农地使用权更为便利和灵活[1]之方式的前提下，承包方连续弃耕抛荒长达 2 年之久首先意味着承包地未被用于从事农业生产，违反了承包地的法定使用方法；其次意味着承包方也无需依靠土地承包经营权获得生活保障或者土地承包经营权不能为承包方提供生活保障；[2]最后更与促进农村生产力发展背道而驰。这一切的一切最终意味着设定用益物权的目的无法实现。此际即使严格遵循《物权法》第 131 条严格限制承包地收回事由的立法政策[3]，按照用益物权的逻辑，土地所有权人也应取得终止权，并得行使这一权利终止土地承包经营权。

综上所述，《土地管理法》第 37 条第 3 款是规范农村土地承包经营关系的有效法律依据。承包方连续 2 年弃耕抛荒的情形，仍应当适用《土地管理法》第 37 条第 3 款的规定，由发包方行使终止权，收回承包地。

（二）根本违反保护与合理利用土地义务应构成承包地收回的发生事由

土地承包经营权人"改变土地农业用途，将土地用于非农建设"或"给承包地造成永久性损害"，不仅是对土地的非法使用，

---

[1] 根据设定农地使用权的目的，农地使用权人一般附有不得出租农地的义务。参见（台）谢在全：《民法物权论》（中册·修订 3 版），2005 年自版，第 119 页。

[2] 参见韩松："农地社保功能与农村社保制度的配套建设"，载《法学》2010 年第 6 期。

[3] 该条的立法理由是，我国农村人多地少，大部分地区经济还比较落后，二、三产业不够发达，大多数农民一时难以实现非农就业，仍然从事农业生产。农民对土地的依赖性较强，在相当长的时期内，土地仍是农民的基本生产资料和最主要的生活保障。因此，必须保持土地承包关系的长期稳定，不得随意收回承包地。全国人大常委会法制工作委员会民法室编：《中华人民共和国物权法：条文说明、立法理由及相关规定》，北京大学出版社 2007 年版，第 247 页。

而且背离了设定土地承包经营权的目的，构成了对保护与合理利用土地义务的根本违反。根据现行法的规定，承包方改变土地农业用途、将土地用于非农建设，只能由行政机关给予行政处罚，在土地所有权和承包经营权的关系中，该行为并无任何民法上的意义；对于承包方给承包地造成永久性损害的行为，发包方可以制止，但制止的只是造成永久性损害的行为，经发包方制止，承包方继续损害承包地的，发包方只能通过行使损害赔偿请求权予以救济。[1]考虑到对《土地管理法》第 37 条第 3 款的明文规定都存在理解和适用上的争议，根本违反保护与合理利用土地义务是否构成终止权发生、承包地收回事由仍需讨论。

《宪法》第 10 条第 5 款规定，一切使用土地的组织和个人必须合理地利用土地。根据《农村土地承包法》第 17 条，承包方承担着"维持土地的农业用途，不得用于非农建设"和"依法保护和合理利用土地，不得给土地造成永久性损害"的义务。《土地管理法》第 14 条第 1 款也为承包经营土地的农民设置了"保护和按照承包合同约定的用途合理利用土地"的法定义务。"保护，是指承包经营方对土地生态及其环境的良好性能和质量的保护。为此，承包经营方为保护土地的生产能力要采取整治和管理措施，要保护土地生态环境、提高土地利用率、防止水土流失和盐渍化等。"[2]

如前所述，基于特定政策目标的考虑，《土地管理法》第 37 条第 3 款外接于《物权法》，对"连续 2 年弃耕抛荒"的行为设置了发包方得收回承包地的法律后果。该条款之法的规范意旨在于：保

---

〔1〕《农村土地承包法》第 60 条规定，承包方违法将承包地用于非农建设的，由县级以上地方人民政府有关行政主管部门依法予以处罚。承包方给承包地造成永久性损害的，发包方有权制止，并有权要求承包方赔偿由此造成的损失。

〔2〕 参见卞耀武、李元主编：《中华人民共和国土地管理法释义》，法律出版社 1998 年版，第 77 页。

障土地规划的有效实施、促使土地承包经营权人履行"保护与合理利用土地"这项法定义务。从违法行为对法所追求之价值目标的破坏程度来衡量,"改变土地农业用途,将土地用于非农建设行为"和"给承包地造成永久性损害行为"是对土地的积极破坏行为,背离了设定土地承包经营权的宗旨,已经使设定土地承包经营权的目的无法实现。该行为已经造成了现实的损害后果,显然要比"弃耕抛荒"的消极行为的危害性更强,危害后果更加严重。然而,现行法对此没有给予充分的回应:对"改变土地农业用途,将土地用于非农建设行为"不作任何有关其民事法律后果的规定,对"给承包地造成永久性损害行为"只配置了显然与行为之危害性不相称的、不足以有效防止该行为再次发生的救济手段。关于承包方有"改变土地农业用途,将土地用于非农建设行为"或"给承包地造成永久性损害行为"之法律后果问题,现行法存在开放性的法律漏洞。由于承包方"改变土地农业用途,将土地用于非农建设行为"和"给承包地造成永久性损害行为"与"连续2年弃耕抛荒行为"一样,都是对保护与合理利用农地这项法定义务的违反,依据"法律对相类似情形,做相同处理"原则,应当类推适用《土地管理法》第37条第3款关于"发包方得收回承包地"的规定。[1]发包方得行使终止权收回承包地。

综上所述,在《农村土地承包法》第26、30、31条确立的"土地承包经营权与集体经济组织成员资格绑定"模式,即以"作为承包方的农户家庭消亡"作为终止权的发生事由之外,应结合《宪法》第10条第5款、《农村土地承包法》第17条、《土地管理法》第14条第1款等相关规则,在《土地管理法》第37条第3款基础上设计关于"终止权发生事由"的规范——承包期内,当承包

---

〔1〕 参见（台）王泽鉴:《法律思维与民法实例》,中国政法大学出版社 2001 年版,第 253 页。

方有"连续 2 年弃耕抛荒"、"改变土地农业用途，将土地用于非农建设"、"给承包地造成永久性损害"这三项违反保护与合理利用农地之法定义务的行为时，发包方取得终止权。即将"在承包期内，承包方连续 2 年弃耕抛荒；改变土地农业用途，将土地用于非农建设；给承包地造成永久性损害"这三种违反保护与合理利用农地之法定义务的情形，作为承包地收回的法定发生事由。

另外值得说明的是，本书研究的"承包地收回中的承包地"专指以集体经济组织内部的家庭承包方式取得的承包地。关于这里"承包地的范围"，《农村土地承包法》第 3 条的立法释义指出："所谓家庭承包方式是指，以农村集体经济组织的每一个农户家庭全体成员为一个生产经营单位，作为承包人承包农村集体的耕地、林地、草地等农业用地，对于承包地按照本集体经济组织成员是人人平等地享有一份的方式进行承包。"第 44 条的立法释义也指出："对于农村集体所有和国家所有依法由农民集体使用的耕地、林地、草地这些农村土地，一般实行人人有份的农村集体经济组织内部的家庭承包。"[1] 而且，"林地的承包期"也是被规定在"家庭承包"一章当中。由是可知，以家庭承包方式取得的承包地不仅包括耕地和草地，也包括林地。而根据《农村土地承包法》第 26、31 条以及《土地管理法》第 37 条第 3 款，承包地收回只能适用于"耕地和草地"，而一概不得适用于"林地"，也就是说，当林地的承包方出现以上我们讨论的"承包地收回的发生事由"时，发包方不取得终止权，即无权收回承包地。法律作出如此规定的立法理由是：林地的承包经营，与耕地和草地的承包经营相比，存在"生产经营周期长、投入大、收益慢、风险大"的特殊性。为了调动承包方植树造林的积极性、防止乱砍滥伐、保护生态环境，因此，对林地承

---

〔1〕 参见胡康生主编：《中华人民共和国农村土地承包法释义》，法律出版社 2002年版，第 9、107 页。

包经营权不适用耕地和草地有关收回的规定。[1]

提高植树造林的积极性、防止滥砍滥伐、保护生态环境等价值目标的实现固然应当保证，但是，如现行法这样整齐划一地规定"林地承包经营权一概不适用有关承包地收回的规定"，未免过于绝对、以偏概全，这样的规则设计必然会在一定程度上偏离法的规范意旨（立法者的本来意图）。关于承包地收回制度"是否应适用于林地，以及在何种情形下适用林地"的问题，应当视终止权的具体发生事由而定：其一，原集体经济组织农户家庭消亡不能成为承包林地收回的发生事由。能引起原集体经济组织农户家庭消亡的三种情形是指在承包期内，承包方全体家庭成员"迁入设区的市，转为非农业户口的"、"迁入其他集体经济组织，且在该新居住地已取得土地承包经营权的"、"死亡的"。在此类情形中，原承包方并没有主动损坏林地的行为，而通常是已经在林地上投入了大量的资金、时间和精力，但由于林地的生产经营具有周期长、收益慢的特点，原承包方往往还没有享受到林地经营的收益，其投资还未来得及获得回报。在此种情形下，如果因其迁出本集体经济组织或全体家庭成员死亡就终止其林地承包经营权、收回其林地，则对原承包方显然有失公平，而且这样也必然会引起滥砍滥伐等破坏生态环境的行为。因此，应当在承包期内由原承包方或其成员的继承人继续承包。其二，承包方有违反保护与合理利用林地之法定义务的行为应构成承包林地收回的发生事由。违反保护与合理利用农地之法定义务的情形是指在承包期内，承包方有"连续2年弃耕抛荒"、"改变土地农业用途，将土地用于非农建设"、"给承包地造成永久性损害"这三种行为之一。如前所述，法律对林地作出特殊保护的理由有二：其一，为了使承包方在林地上的投入有所收获，符合社会公

---

[1] 参见胡康生主编：《中华人民共和国农村土地承包法释义》，法律出版社2002年版，第75、87页。

平；其二，为了调动承包方植树造林的积极性、防止乱砍滥伐、保护生态环境。然而，在承包方有违反保护与合理利用农地之法定义务行为的三种情形中，一方面，承包方已经无法从林地经营中获得收益（将林地用于非农建设或对林地造成永久性损害）或者根本就没有在林地上投入金钱、时间和劳动（抛荒弃耕），也就失去了保护其林地承包经营权的必要；另一方面，承包方对林地有弃耕抛荒、用于非农业用途或造成永久性损害的行为，恰恰就是体现了其没有植树造林的积极性、已经对林地乱砍滥伐、破坏了生态环境，那么，也就失去了鼓励和防范的余地。如果在此种情形下，法律还对林地承包经营权予以"特殊保护"，那么其作用恐怕就不是鼓励"植树造林、保护生态环境"和防范"乱砍滥伐"，而是纵容"荒废林地"和鼓励"乱砍滥伐、破坏林地生态环境"了。因此，林地的承包经营有"承包方违反保护与合理利用农地之法定义务"的三种情形，也应构成终止权的发生事由，由发包方收回林地。

第二节　终止权取得的程序要件
——发包方履行正当前置程序

　　程序是法治和恣意而治的分水岭。为了规范发包方的行为、兼顾承包方的利益，法律还应为终止权的取得设置必要的正当前置程序，其功能就在于：一方面对发包方的行为形成合理制约、督促其履行法定职责；另一方面，兼顾承包方的利益，避免其遭受不必要的损失。根据承包方违反法定义务的类型不同（积极的作为义务和消极的不作为义务）分别设置催告程序和请求停止程序。

一、催告程序

当发现承包方有违反积极作为之法定义务，即未积极履行法定义务的情形时，发包方应提示其在相当期限内予以履行。当期限届满而承包方仍未履行法定义务时，发包方得行使终止权，收回承包地；承包方在期限届满前恢复履行的，则发包方不得行使终止权。

在两种情形下，应适用催告程序：

第一，承包方违反合理利用和保护土地之法定义务，对土地抛荒弃耕的，即应积极对土地进行耕种、保持其肥力而不作为的情形。根据《土地管理法》第 37 条第 3 款，当发包方发现承包方有弃耕抛荒情形时，应当催告承包方恢复耕种，承包方逾 2 年期限仍不为耕种的，发包方始得终止其土地承包经营权。但是，"此 2 年时间从何时开始起算，其起算时点如何确定"，仍是未有结论的开放问题。由此催告程序有两方面的制度价值：其一，"催告"为承包方连续弃耕抛荒 2 年期间的计算确定了一个基准。当发现承包方有弃耕抛荒情形时，发包方向承包方发出书面形式的意思通知，以"该书面通知到达承包方的时点"作为 2 年期间的起算时点。其二，"催告"程序有利于法律保障土地的合理利用及兼顾承包方利益、尊重其土地承包经营权的双重价值的实现。发包方履行催告程序，既是积极行使法定监督权的过程，也是对承包方的必要提醒，使其有机会纠正违法行为，避免其因无知而造成丧失土地承包经营权的严重后果。在承包方"弃耕抛荒"场合，自发包方"催告其恢复耕种的书面通知"到达承包方时起，经过 2 年期限而承包方仍未恢复耕种的，发包方得终止土地承包经营权（取得终止权）。

第二，承包方违反交回承包地之法定义务的情形。当承包方家庭全体成员失去了本集体经济组织成员资格并已经享有了城市居民社会保障时以及当因农户成员迁出导致其原所在农户家庭消亡且该成员在新居住地已经取得了土地承包经营权时，承包方应当将承包地交回。[1]而如果承包方未交回，发包方可以催告承包方在合理期限内交回。承包方逾此期限仍未交回的，发包方得终止土地承包经营权（取得终止权），收回承包地。

二、请求停止程序

承包方违反消极的不作为义务给土地造成现实损害或有造成损害之虞的[2]，根据《农村土地承包法》第13条，发包方有对其行为请求停止、予以制止的权利。承包方不在合理时间内停止的，发包方得行使终止权。[3]当承包方有"改变土地农业用途，将土地用于非农建设"或"给承包地造成永久性损害"这两项违反法律禁止性规定的行为之一时，应区分是否已经造成无法挽回的现实损害而分别适用不同的法律规则。

当承包方行为已经给土地造成了现实的损害时，如承包方已经在其承包地上修建了住宅楼、承包方堆放的工业废料已经渗入了承包地等情形，发包方可以请求承包方停止违法行为，并定合理期限恢复原状，承包方不停止违法行为的或在合理期限内无法恢复原状的，则发包方可行使终止权，消灭土地承包经营权。当然，如果承

---

〔1〕《农村土地承包法》第26条第3款规定：承包期内，承包方全家迁入设区的市，转为非农业户口的，应当将承包的耕地和草地交回发包方。承包方不交回的，发包方可以收回承包的耕地和草地。

〔2〕 值得注意的是，这里的给土地造成的"损害"应被限定为：具有一定危害性的、较严重的、已经与"国家保障土地被合理使用和保护之立法目标"明显相悖的损害。而如果是一般轻微的、可以很容易恢复原状的损害则不能构成发包方请求停止的理由，否则，此项权利将可能异化为发包方任意干涉承包方生产经营的工具。

〔3〕 关于"请求停止程序"，日本民法学界已有类似的理论。如我妻荣先生言："地上权人不得对土地施加'可致永久损害的变更'。应该理解为，在违反此规定的情形，或者违反其他使用土地的约定时，土地所有人根据第541条的规定，请求停止该变更或恢复土地原状，在地上权人不做出回应的情形下，可以消灭地上权。"参见〔日〕我妻荣：《我妻荣民法讲义Ⅱ·新订物权法》，罗丽译，中国法制出版社2008年版，第395页。

包方已经给土地造成的损害是无法挽回的、不可逆的（无法恢复原状），则发包方无须履行任何前置程序，可直接行使终止权，消灭土地承包经营权。

当发包方发现承包方的行为尚未造成现实损害，但有给土地造成损害之虞而不立即停止将造成无法挽回的损害时，如承包方为修建非农建设而准备材料、设计图纸以及将工业废料置于承包地之上，随时可能发生泄漏的情况，发包方在说明理由的前提下，有权请求承包方停止其行为。若承包方不在合理时间内停止，发包方得行使终止权（取得终止权），收回承包地；若承包方停止其行为并予以改正，则发包方不取得终止权。[1]

发包方在行使终止权之前必须履行"请求停止"的前置程序不仅是对发包方履行法定职责的有效督促，更是对终止权行使的合理制约，体现了法律对承包方土地承包经营权的充分尊重。这项前置程序给了承包方及时纠正自己违法行为的机会，避免承包方因一时的过失而遭受丧失土地承包经营权的严重后果。

第三节　终止权取得的时点

根据以上对终止权取得之实质要件及程序要件的论述，可以将发包方取得终止权的时点归纳如下：

第一，在承包方全体家庭成员"迁入设区的市，转为非农业户口"或"迁入其他集体经济组织，且在该新居住地已经取得土地承包经营权"的情形，终止权的取得时点为自发包方"催告其交回承包地的书面通知"到达承包方时起，经过一定期限（必要的准备时

---

〔1〕　为了防止发包方滥用制止权、任意干涉承包方的经营自主权，当承包方对"其行为有给土地造成损害之虞"存在异议时，可向法院提起诉讼，由法院作出裁决。

间）而承包方仍未将承包地交回的，发包方取得终止权。

第二，在承包方全体家庭成员"死亡"的情形，终止权的取得时点为自承包方全体家庭成员死亡的事实发生时起，发包方取得终止权。

第三，在承包方"连续2年弃耕抛荒"的情形，终止权的取得时点为自发包方"催告其恢复耕种"的书面通知到达承包方时起，经过2年期限而承包方仍未恢复耕种时，发包方取得终止权。

第四，在承包方"改变土地农业用途，将土地用于非农建设"或"给承包地造成永久性损害"的情形，终止权的取得时点分为三种情况：其一，如果承包方的行为"已经给土地造成了无法挽回的实际损害"，则自该损害发生时，发包方即取得终止权，无须履行任何前置程序；其二，如果承包方的行为已经给土地造成了实际损害，但尚可挽回，在发包方要求其"立即停止并在一定期限内恢复原状"后，而承包方仍不立即停止或未能在合理期限内恢复原状的，发包方取得终止权；其三，如果承包方的行为尚未造成实际损害，但有给土地造成损害之虞，如不立即停止将造成无法挽回的实际损害，在发包方要求其"立即停止并向其说明理由"后，而承包方仍不立即停止的，发包方取得终止权。

承包地收回的实施机制

——终止权的行使

　　本书以"终止权的行使"重构了承包地收回制度的实施机制，尽可能多以任意性规范和程序性规范代替以往的强制性规范和实体性规范，成为法律制度的主体部分。凭借私人权利的行使，而非公权力的发动，即以权利、义务、责任机制的运行推动秩序的生成，在承包地收回法律关系中当事各方之间形成"横向的权利互动"，而非"纵向的隶属强制"，使承包地收回制度成为由权利义务机制驱动的装置，推动其预期功能的实现。

　　前文我们已经对承包地收回的整个发生过程（发生事由、终止权的取得条件、终止权的取得时点）作了系统的阐述，在这里我们将主要探讨终止权人取得终止权以后的终止权行使过程，其主要涉及"终止权人应以何种方式行使终止权以及应如何根据不同的终止权发生事由，来确定其相应的行使方式"和"在终止权行使过程中，双方当事人各自处于何种法律地位（以及法院和土地行政管理机关在终止权行使过程中各发挥怎样的作用）"两方面的问题。

　　在进行制度设计的过程中，本书的基本思想为：首先，从"终止权属于形成权"这一基本认识出发，将"形成权基本理论资源"作为终止权的行使理论展开的基础。然后，注重对终止权人（发包方）行使终止权的行为的规范，防止终止权的滥用。最后，在保障终止权的行使能够顺利进行的前提下，尽可能地保护终止权相对方（承包方）的利益，为其提出异议、作出申辩提供法律途径。

第一节　两种不同性质的终止权

从"终止权属于形成权"这一基本认识出发，"终止权的行使方式、不同行使方式之间的区分理由及区分标准"应当符合形成权的行使规则。基于一定的考虑，法律为不同的形成权设定了不同的行使方式，而基于其行使方式的不同，可以将形成权分为两类：一类是通过"单方意思表示"的方式行使的形成权。此种形成权的权利人只需向形成相对方作出单方的意思表示，该意思表示的内容即是该形成权的内容——使特定法律关系发生、变更或消灭，于该意思表示为相对方知悉或到达相对方时，即可发生法律效力，学理上将此种形成权称为"单纯形成权"，多数形成权属之。[1] 另一类是通过"向法院提起形成之诉"的方式行使的形成权。此种形成权的权利人不能仅依其单方之意思表示即直接导致形成效果的发生，而是须要通过向法院提起"形成之诉"，将形成权的行使导入司法程序，而且，只有经法院对"形成权是否具备发生条件"作出肯定的审查性判决或确认性判决（学说上称之为"形成判决"）后，方可在当事人之间发生法律效力，学理上将此种形成权称为"形成诉权"。关于"形成诉权必须以诉讼的方式为之"的理由，学者们的观点可归纳为：其一，形成权人很难介入形成相对方的法律地位。其二，关于形成原因是否具备，难以认定，易生争议。如可撤销合

---

〔1〕　参见（台）王泽鉴：《民法总则》，中国政法大学出版社 2001 年版，第 98 页。

同中，合同双方当事人对是否存在重大误解、显失公平、欺诈等情形，不易达成共识。其三，形成效果涉及重大的社会公共利益。其四，形成效果将严重侵犯形成相对方的法律地位，影响其利益重大。[1]但是，在笔者看来，要求终止权必须以诉讼的方式为之的理由就在于：由于缺乏一个明确、统一的认定标准，当事人双方关于"形成权的发生事由是否成就"难以达成共识、易生争议，需要借助于法院判决的既判力来创设明确的法律状态。[2]此时，法院参与的意义是为了对权利的行使情况加以控制，也是为了避免在形成行为是否有效方面出现不确定性，使法律关系的变动更加安全、清晰可辨，获得更强的法律效力。

基于此，我们可根据关于"承包地收回法定发生事由的成就"是否具有明确统一的认定标准，以至于需要通过法院的判决予以认定，将终止权分为单纯形成权性质的终止权和形成诉权性质的终止权。

一、单纯形成权性质的终止权

我们知道，对于承包方全体家庭成员是否"已迁入设区的市转为非农业户口、迁入其他集体经济组织且在该新居住地已取得土地承包经营权、死亡"这三种发生事由是否成就，已经具有一个较明确统一、为人们普遍接受的认定标准，当事人只需通过查阅"承包方的户籍证明、土地承包合同或新居住地农村集体经济组织的土地承包管理记录资料、死亡证明"即可很轻易地达成一致的认定意

---

〔1〕 参见［德］迪特尔·梅迪库斯：《德国民法总论》，邵建东译，法律出版社2000年版，第77页；［德］卡尔·拉伦茨：《德国民法通论》，王晓晔等译，法律出版社2003年版，第292页。

〔2〕 如在可变更、可撤销合同中，合同双方当事人对于"是否存在重大误解、显失公平或欺诈等情形"的认定，不易达成统一的意见。

见，一般不会产生争议。因此，本书认为，以"承包期内，承包方全体家庭成员有引起原集体经济组织农户家庭消亡的三种情形"作为发生事由的终止权属于"单纯形成权"，发包方只需以"单方之意思表示"为之即可。

二、形成诉权性质的终止权

现行立法关于"承包方具有哪些行为特征要件时，构成弃耕抛荒行为"、"承包方的哪些行为属于建设农业辅助设施，哪些行为属于将土地用于非农业建设"、"达到何种损害程度属于永久性损害"尚未设有明确规定，即缺乏一个权威统一的"认定标准"或"解释方法"。在法律的实践操作中，只能依据"人们的基本常识"来作出认定，然而，不同人的基本常识是具有差异的，加之发包方与承包方分别基于不同的甚至相对立的立场，很容易对同一事实作出完全相反的认定。所以，关于"承包方是否有连续 2 年弃耕抛荒；改变土地农业用途，将土地用于非农建设；给承包地造成永久性损害违反保护与合理利用农地之法定义务的行为"，发包方和承包方很容易产生分歧和争议。由此，本书认为，以"承包期内，承包方有连续 2 年弃耕抛荒；改变土地农业用途，将土地用于非农建设；给承包地造成永久性损害这三项违反保护与合理利用农地之法定义务的行为"作为发生事由的终止权，应属于"形成诉权"，发包方须要通过向法院提起"土地承包经营权终止之诉"的方式，行使终止权。

第二节　单纯形成权性质之终止权的行使方式

一、发包方的法律地位

在终止权法律关系当中，发包方（终止权人）享有终止权，其法律地位为：只需向承包方（终止权的相对方）作出"终止土地承包经营权"的单方意思表示，而无须承包方的同意或行为配合，即可产生土地承包经营权消灭的法律效力。但是，为充分保护承包方的利益、维护土地承包经营权权利状态的明确及安定，并为实现终止权行使规则与现行法秩序之间的衔接，应当对"发包方单方意思表示的内容、成立条件及行使期限"作出限定。

（一）对意思表示内容的限定

1. 须明示法律及事实依据

这里我们需要讨论的是，终止权人在向终止权的相对方作出"行使终止权"的意思表示时，是否需要说明"终止权的法律依据及事实依据，或者说，其是基于何种法定发生事由（形成原因）的成就而终止土地承包经营权的"。

对此，卡尔·拉伦茨教授认为："形成权以法律为根据，法律规定了特定的事实为其前提条件，这个特定的事实称为形成原因。行使这些形成权的人原则上无须说出上述原因；如果对方对形成意思表示拒绝并提起诉讼，则行使形成权的人必须举证证明作为原因的事实。"[1]这一观点值得商榷。本书认为，为使形成权的相对人能够对"形成权的行使"及时作出理性反应——依据其对相关事实

---

〔1〕〔德〕卡尔·拉伦茨:《德国民法通论》，王晓晔等译，法律出版社 2003 年版，第 291 页。

的判断，决定是否向法院提出"异议之诉"并为提起"异议之诉"做好必要的准备（如收集证据证明形成原因未成就），应由法律规定：形成权人在依单方意思表示行使形成权时，须将"其行使形成权的法律依据及事实依据"向形成权的相对人明示（但无需证明），并提示其在一定期间内有向法院提起"异议之诉"的权利。[1]

由此我们认为，发包方在向承包方作出"终止土地承包经营权"的意思表示时，须要向承包方说明"终止权行使的法律依据及事实依据"（即其基于何种法定发生事由的成就而终止土地承包经营权）并提示其在一定期间内有向法院提起"异议之诉"的权利，否则，该行使终止权的意思表示不发生效力。

2. 不得附条件、附期限、撤销

形成权人只需依其单方的意思表示即可使相对人的法律地位发生改变，而无需相对人的同意或行为配合，相对人只能容忍或必须接受形成权法律效力的发生。可见，形成权行使过程中，权利人和相对人之间的利益关系处于极不平衡的状态。"如果在相对人面临如此不利的情形下，仍然允许形成权的行使可以附条件或期限时，则会使相对人面临一种极不确定的法律状态，当事人之间的权利义务关系严重失衡。所以，为避免相对人受到附条件或附期限所造成的这种悬而未决状态的不利影响，对形成权的行使不得附条件或附期限。"[2]基于同一理由，形成权的行使也不得撤销，即对于已经发生的法律效果，形成权人原则上不得以单方行为予以排除。因此，发包方行使终止权的意思表示不得附条件或附期限，也不得撤销。

---

〔1〕 为了防止法律关系长期处于不确定状态，该项"提出异议的期间"不宜过长，其性质属于除斥期间。

〔2〕 梁慧星：《民法总则》，法律出版社2001年版，第81页。

（二）意思表示须具备成立条件

行使终止权的法律行为（即意思表示）要发生土地承包经营权消灭的法律效果，其本身首先须成立，具备法律行为的成立要件[1]。法律行为的成立要件为法律行为的构成部分，以意思表示为必要（一般成立要件）。特定法律行为所需要的书面方式也属于该法律行为的构成部分，而为其成立要件（特别成立要件）。不具备成立要件的法律行为本身根本不存在，更无生效之可言。[2]

如前所述，行使终止权的意思表示属于"以土地承包经营权变动为内容的物权法律行为"[3]。那么，我们需要考查的是：依照我国法律规定，以土地承包经营权变动为内容的物权行为应具备哪些成立要件。

1. 终止权的行使须以书面形式作出

并非所有的法律行为都须要具备法定形式才能成立，只有法律对其有特殊规定的要式行为才以具备法定形式为成立要件。而终止权的行使是否须具备法定形式，应适用现行法关于"同样以土地承包经营权变动为内容的土地承包合同（物权合同）"的规定。对此，我国《农村土地承包法》第 21 条第 1 款规定，发包方应当与承包方签订书面承包合同。从文意上来看，该条似乎可以成为"以土地承包经营权变动为内容的物权行为属于要式行为，须以书面形式为之"的法律依据。但其前提条件是：该条款中的"承包合同"指的是物权合同。

---

〔1〕 一般所谓的成立要件，指一个法律行为达到可以为效力判断最基础的部分，期待得到法律承认其效力的行为必须先完成行为的这一部分，未满足这部分要件，就是行为不成立。参见（台）苏永钦：《走入新世纪的私法自治》，中国政法大学出版社 2002 年版，第 21 页。

〔2〕 参见（台）王泽鉴：《民法总则》，中国政法大学出版社 2001 年版，第 253 页。

〔3〕 参见本书第二章第一节的"终止权与物权制度体系的对接"。

那么，关于"承包合同究竟是指债权合同还是指物权合同，还是兼指债权合同与物权合同"的问题，就需要详细检讨，予以明辨。

我们认为，应将《农村土地承包法》第21条第1款中的"承包合同"理解为兼指债权合同与物权合同，理由是：首先，土地承包经营权的设定、变更、消灭影响土地承包经营权人及第三人利益甚巨，而依据我国现行立法，土地承包经营权的设定可能欠缺"不动产登记"的物权公示方式，为期使土地承包经营权之权属状态最重要的法律依据——土地承包合同（物权合同）更易在客观上被外界所查知，确立更明确的土地承包经营权享有及行使的基准，应将其认定为"须以书面形式为之"的要式合同。其次，承包合同应采用书面形式的理由是"采用书面形式，明确肯定，有据可查，有利于明确双方的权利义务，有利于防止争议和解决纠纷，也有利于对农村土地承包的规范和承包合同的管理。"[1]这里有两层含义：其一，"明确肯定，有据可查"是指建立明确可查的物权享有与行使的基准，这实际上就是将以书面形式的物权合同作为土地承包经营权设定并享有的法律依据，具有物权公示作用。可见，这层含义的承包合同指的是物权合同。其二，"明确双方的权利义务"主要是指为了防止合同双方（尤其是发包方）任意违约或解除合同，法律要求以书面形式的债权合同予以确认，这层含义的承包合同才是指债权合同。最后，在我国台湾地区"民法"中也有"以不动产物权取得、设定、丧失及变更为内容的物权行为，应以书面形式为之"的规定，其立法理由及学理解释可资参考。我国台湾地区"民法典·物权编（修正草案）"第758条规定："不动产物权依法律行为而取得、设定、丧失及变更者，非经登记，不生效力。前项登

---

[1] 参见胡康生主编：《中华人民共和国农村土地承包法释义》，法律出版社2002年版，第61页。

记，应依当事人之书面为之。"立法理由谓："不动产物权之得、丧、变更之物权行为，攸关当事人之权益至巨，为示甚重，并便于实务上作业，自应依当事人之书面为之。至以不动产物权变动为目的之债权行为者，固亦宜以书面为之，以昭慎重。我国台湾地区'民法典·债编（修正草案）'第166条第1项已明定契约以负担不动产物权之移转、设定或变更之义务为标的者，应由公证人作成公证书。"王泽鉴教授对此予以补充："修正草案增订第758条第2项的文义不能充分表现其所谓书面系指物权行为，为期明确，宜改为：前项法律行为，应依当事人之书面为之。"[1]

由此可见，依照我国现行立法，以土地承包经营权变动为内容的物权行为性质的承包合同为要式行为，以作成书面为成立要件。同样，以土地承包经营权消灭为内容的"行使终止权的意思表示"也属于要式行为，须以书面形式为之。

2. 行使终止权的意思表示须到达承包方

既然法律行为以意思表示为核心，则使"意思表示发生效力"就是法律行为"成立"的基本要件。如前所述，"终止权的行使"须以书面形式为之，属于非对话的意思表示，而非对话的意思表示于"通知到达"相对方时，发生效力。因此，发包方行使终止权的意思表示自该书面通知到达承包方时，发生效力。

值得注意的是，在由"承包方全体家庭成员死亡"引起的承包地收回中，不存在接收发包方意思表示的相对人，应适用有关"无相对人之意思表示"的法律规则——于其意思表示成立之同时发生效力，例如悬赏广告的要约于此意思表示完成时，发生要约的拘束效力；所有权之抛弃于抛弃行为完成之时，发生所有权消灭的效力。因此，在由"承包方全体家庭成员死亡"引起的承包地收回

---

〔1〕 参见（台）王泽鉴：《民法物权1 通则·所有权》，中国政法大学出版社2001年版，第106、107页。

中，发包方"行使终止权"的意思表示，自其作成书面之时，发生效力。[1]

（三）意思表示须在"终止权的行使期间"内作出

发包方作出的单方意思表示是"行使终止权"的行为，而终止权性质属于形成权。尽管民法并未对"形成权的存续期间"设有一般规定，但为避免法律关系长期处于不确定之状态，就个别形成权，多设有存续期间（其性质属于除斥期间）或虽未设存续期间但规定：于形成权的相对人催告后，逾期未行使时，形成权消灭。

值得注意的是，即使对于某种形成权，法律未设有存续期间或催告的规定，也有"权利失效原则"的适用。所谓权利失效原则，是指权利人在相当期间内不行使其权利，依特别情事足以使他方相对人正当信赖权利人已不欲再行使其权利，基于诚实信用原则，权利人不得再为行使。如果权利人再为行使，则可认定其权利行使无效。关于权利失效原则，有几点需要说明：其一，由于权利失效是以诚信原则为基础，而诚实信用又为法律的基本原则，故权利失效对整个法律领域，无论私法、公法还是诉讼法，对于一切权利，无论请求权、形成权、抗辩权，均有适用余地。其二，由于并非所有的形成权均受除斥期间之规律，为保护形成权相对方的利益、避免法律关系长期处于悬置状态以适应交易上的需要，形成权的行使有适用"权利失效原则"的必要。其三，"权利失效原则"的适用须符合权利失效之要件：权利人在相当长的期间内不行使权利；具有"足以使相对人正当信赖权利人已不欲再行使其权利"的特别情事，或者说相对人有理由相信权利人已不欲再行使其权利。其四，权利失效的法律效果为：他方相对人得主张"权利已消灭"的抗辩，但

---

[1] 参见（台）王泽鉴：《民法总则》，中国政法大学出版社2001年版，第349页。

须对"权利失效之要件"负有举证责任。[1]

对于终止权的行使，也应当设置一定的"存续期间"，即使没有明文规定，也应当有"权利失效原则"适用的余地。当发包方在法定存续期间内不行使终止权或者出现足以使承包方正当信赖发包方已不欲再行使终止权之情形时，应认定终止权消灭。这些"足以使承包方正当信赖发包方已不欲再行使终止权"的情形有：其一，连续两年弃耕抛荒的承包方已经恢复耕种，发包方知悉该情形而在相当一段期间内未作任何表示的；其二，将土地用于非农建设的承包方已将土地恢复原状并继续用于农业生产，发包方知悉该情形而在相当一段期间内未作出任何表示的；其三，给土地造成永久性损害的承包方继续在未受到损害的土地上从事农业生产，发包方知悉该情形而在相当一段期间内未作出任何表示的。

值得注意的是，发包方因"承包方全体家庭成员迁入设区的市转为非农业户口、迁入其他集体经济组织并在该新居住地已取得土地承包经营权、死亡从而导致原集体经济组织农户家庭消亡"情形而取得的终止权，不应当有"终止权因存续期限届满而消灭规则"或"权利失效原则"的适用余地，理由在于：首先，在作为承包方的农户已经消亡的情况下，"以集体土地为本集体经济组织成员提供基本生活保障"这一土地承包经营权之设定目的已经根本无法实现，土地承包经营权只能归于消灭。其次，由于当前我国农村的"人地矛盾"突出，有大量的"无地人口"存在，在创设完善的集体意思形成机制的前提条件下，基于自利本性的驱使，"无地人口"必然会极力推动终止权的运行，促使集体经济组织将承包地收回并在无地人口中分配。最后，当发现发包方不积极行使终止权从而违

---

[1]　参见（台）王泽鉴：《民法总则》，中国政法大学出版社 2001 年版，第 560～561 页。（台）王泽鉴："权利失效"，载（台）王泽鉴：《民法学说与判例研究》（第 1 册），中国政法大学出版社 1998 年版，第 307～318 页。

反了国家赋予农村土地以"农村社会保障"这项制度功能（社会公共利益）时，基层土地行政管理机关也有权督促发包方行使终止权。

二、承包方的法律地位

在发包方行使终止权的过程中，土地承包双方当事人围绕着"终止权的行使"产生的法律关系属于"形成权法律关系"，承包方在该形成权法律关系当中，处于"形成权之相对方"的法律地位。形成权的相对方（或形成权的对方）是指在形成权法律关系中，因形成权人依其单方意愿形成的法律效果，而法律地位（权利、义务等）直接受到影响的他方当事人。[1]

由于形成权的实现无须相对人行为的介入，只要权利人将变动法律关系的意思表达于形成权的相对方，按照法律的规定即可自动产生相应的法律效果，形成权的行使既不需要相对人对该意思表示的同意，也不需要相对人的行为配合，因此，张俊浩教授指出："在形成权的法律关系当中，形成权是没有义务与之对应的权利。"[2]任何利益都有一定的负担与之相对应，那么，与"形成权人享有形成权"相对应的，形成权的相对方处于何种法律地位呢？

（一）受到"法律上的拘束"

通说认为，在形成权法律关系中，与形成权人享有的形成权相对应的，就是形成权相对方受到"法律上的拘束"，即当形成权人依法行使形成权而使形成权相对方的法律地位发生变化时，形成相对方不能拒绝或阻止，而只能容忍这种针对自己的法律关系的形成生效，容忍其侵入自己的权利范围，易言之，形成权人可以把一种

---

〔1〕 此定义参照了卡尔·拉伦茨教授关于"形成权的对方"的一段论述，参见〔德〕卡尔·拉伦茨：《德国民法通论》，王晓晔等译，法律出版社2003年版，第290页。

〔2〕 张俊浩：《民法学原理》，中国政法大学出版社1991年版，第76页。

法律关系的形成强加于形成权相对方，尽管他本人（指形成权相对方）对此并不愿意。[1]还有学者将形成权相对方"受到法律上的拘束"的这种法律地位表述为"屈从"，德国学者伯蒂歇尔在"私法中的形成权与屈从"一文中论述形成权之相对人的这种特殊法律地位——法律上的拘束或容忍义务时，使用了"屈从"一词。葡萄牙著名民法学者平托则在此基础上进一步将法律关系中的权利分为本义的权利和形成权。其中，与本义的权利相对应的是义务，而与形成权相对应的就是屈从。屈从意味着对方必须承受权利人行使权利后，强加于其权利义务范围的后果。屈从者，不可抗拒之必须状况，受约束的人必须承受形成权人行使形成权后强加其权利义务范围的设立、变更或消灭等后果。对于形成权，屈从是一枚钱币的另一面。屈从有别于法律义务，它是一种不可抗拒的必须性。屈从者不得违反其状况，他一定要承受形成权行使后所产生的结果。[2]笔者认为，"屈从"固然比"法律上的拘束"更能形象传神地描绘出形成权相对人的法律地位，而且在语言上也更加简捷，但是，在"屈从"一词的意义中，包含有人与人之间"人格的不平等"及"社会关系的从属性"因素，不适合作为"私法上的概念"来使用。正如孙宪忠教授所言："形成权的相对人有一种在形成权享有人的意思作用下的'服从性'特征。但是我们还是使用了'受拘束性'这个概念，目的是为了使得这里当事人之间的关系远离社会关系中的从属性观念。这个概念是一个法律规范概念，而不是社会学概念。"[3]因此，将形成相对方的法律地位称为"法律上的拘束"

---

〔1〕 参见［德］卡尔·拉伦茨：《德国民法通论》，王晓晔等译，法律出版社2003年版，第268页。孙宪忠："德国民法中的形成权"，载《环球法律评论》2006年第4期。申卫星："对民事法律关系内容构成的反思"，载《比较法研究》2004年第1期。

〔2〕 参见申卫星："对民事法律关系内容构成的反思"，载《比较法研究》2004年第1期。

〔3〕 孙宪忠："德国民法中的形成权"，载《环球法律评论》2006年第4期。

最为恰当。

（二）有权提起"异议之诉"

申卫星教授指出："如果我们说相对于作为义务而言，不作为义务属于消极的义务的话，那么这种法律上的拘束或者我们称之为容忍义务的就更为消极。不作为义务是指义务主体不去做法律规定或当事人约定所禁止的行为，而这种容忍义务不是指义务主体自己不去做什么，而是权利人依法或依约做了什么，他要无条件地接受，要容忍权利人这样做而不得反对或提出任何的异议。"[1]

由此可见，这里"形成相对方必须无条件地接受形成效果而不得反对或提出任何异议"存在一个前提性条件——权利人依法行使形成权，即形成权人行使形成权须具备"法律规定的行使条件"。那么，当双方当事人对"形成权是否具备法律规定的行使条件"意见不一致时，应当以谁的判断为准呢？我们认为，在形成权人向形成权相对方作出行使形成权的意思表示之后，如果形成权的相对方认为"形成权的行使不符合法律规定的行使条件"（如形成原因未成就、形成权已经因经过法定期间而消灭），则他应当有权利向法院提出异议，由法院对"形成权是否具备法律规定的行使条件"作出裁决。

值得注意的是，有学者认为："行使单纯形成权，如果相对人提出异议，权利人只有向法院提起形成之诉"[2]，这就是说，形成权相对人只需向形成权人提出异议，即可暂时阻却行使形成权的意思表示发生效力。显然，这与形成权的基本特征——"形成权的行使仅依形成权人单方的意思表示即可发生效力，而无须相对方的同意或协助"完全不符。所以，形成权相对方的异议不能向形成权人

---

〔1〕 申卫星："对民事法律关系内容构成的反思"，载《比较法研究》2004 年第 1 期。

〔2〕 汪渊智："形成权利论初探"，载《中国法学》2003 年第 3 期。

提出（或者说向形成权人提出异议无效），而只能向法院提出。

我们将形成权的相对方请求法院对"形成权是否具备行使条件"作出认定，或者说请求法院作出"形成权的行使因不具备法定行使条件而无效"的判决的诉讼称为"异议之诉"。在承包方提出异议之诉后，终止权的生效途径由"单方意思表示"转为"诉讼程序"，也就是说，单纯形成权性质的终止权虽通过单方意思表示而生效，但终止权相对方在异议期间内向法院提出"异议之诉"的，终止权效力待定，依据"法院的生效判决"确定其效力。

为防止承包方滥用此项异议权，"异议之诉"的提出，须符合以下条件：

1. 异议的内容只能是"形成权不具备行使条件"

在"异议的内容或提出异议理由"上，形成权相对方只能针对"形成权不具备行使条件"提出异议。形成权的行使条件有二：其一，形成权人已经取得形成权，即已具备形成权的取得条件，其包括形成权取得的实质要件和形成权取得的程序要件；其二，形成权尚未因行使期间届满或符合"权利失效原则"之构成要件而消灭。

2. 异议之诉必须在"异议期间"内提出

形成权相对方只能在形成权人作出"行使形成权的意思表示"之后的一定期间内，提出"异议之诉"。由于"提起异议之诉"具有暂时阻却形成权发生效力的作用（即等待法院的判决来决定形成权是否发生效力），为了防止法律关系长期处于悬而未决的状态，形成权人在作出行使形成权的单方意思表示时，应为相对方提出异议之诉设定一个"异议期间"，该期间不宜过长，应以"给相对方必要的准备"为限。

3. 形成权相对方须承担一定的举证责任

在异议之诉中，双方当事人各自均负有一定的举证责任：发包方对于"终止权具备法定的行使条件"仍负有举证责任，即发包方须向法院提交证据证明"终止权具备法定的行使条件",否则,将承担"终止权行使无效"的不利后果;而承包方对其提出的异议——"终止权不具备行使条件"负有举证责任,即须向法院提交证据证明"终止权的某法定发生事由并未成就;发包方未履行前置程序;终止权的行使期限已经届满或已构成权利失效",以推翻发包方所举证据。

由上述分析得出结论,承包方在"发包方依单方意思表示行使终止权"的过程中所处的法律地位为:在承包方认为发包方行使终止权符合行使条件的情况下,承包方不能[1]拒绝或阻止终止权发生效力,只能容忍"土地承包经营权终止"这一针对自己的法律关系的形成生效。而如果承包方认为该终止权的行使不具备行使条件,即至少存在"承包地收回的法定发生事由未成就;发包方未依法履行必要前置程序;终止权的行使期限已经届满或构成权利失效"这三种情形之一的,承包方有权在发包方书面通知到达后的一定期间内,向法院提出"异议之诉",请求法院作出"终止权的行使因不符合行使条件而无效"的判决。

第三节　形成诉权性质之终止权的行使方式

如前所述,由于现行立法对于"承包方具备哪些要件时,构成弃耕抛荒行为;承包方的哪些行为属于建设农业辅助设施,哪些行为属于将土地用于非农业建设;达至何种损害程度属于永久性损害"等问题,尚未规定统一的"认定标准",在法律的实践操作中,双方当事人对于是否有"承包方连续2年弃耕抛荒;改变土地

---

[1]　这里的"不能"是指"在法律上没有能力",而非一项不作为义务。

农业用途，将土地用于非农建设；给承包地造成永久性损害违反保护与合理利用农地之法定义务"行为的存在，很容易产生分歧和争议。因此，应将以"承包期内，承包方有连续 2 年弃耕抛荒；改变土地农业用途，将土地用于非农建设；给承包地造成永久性损害这三项违反保护与合理利用农地之法定义务的行为"作为发生事由的终止权，认定为"形成诉权"，即发包方须要通过向法院提起土地承包经营权终止之诉（其性质为形成之诉）的方式，行使终止权。关于土地承包经营权终止之诉，有几点需要说明：

一、土地所有人"终止之诉"行为的性质

由"最终由法院完成的形成行为有赖于权利人的意思行为，即权利人要提起一个诉讼"[1]即不难发现，形成诉权与单纯形成权的区别并不在于前者属于程序性权利而后者属于实体性权利，而是二者都属于实体性权利，前者是"形成之诉"得以提起的实体法根据，其生效除了需要"权利人行使形成权的意思表示"外，还需要"法院对其权利行使行为作出肯定性的生效判决"。可见，发包方向法院提起土地承包经营权终止之诉的行为，既包含了一个诉讼行为，也包含了一个"行使终止权"的意思表示。也就是说，土地承包经营权终止之诉是以"发包方行使终止权的意思表示"为必要组成部分的。这也解释了，形成诉权性质的终止权以"向法院提起土地承包经营权终止之诉"为行使方式并不与前文中我们得出的"行使形成权的行为都是法律行为"的结论[2]相矛盾。

---

〔1〕　参见［德］卡尔·拉伦茨：《德国民法通论》，王晓晔等译，法律出版社 2003 年版，第 291 页。

〔2〕　参见本书第二章第一节关于"形成权之行使行为的性质"的论述。

二、诉讼请求的内容

由于形成诉权性质的终止权不能仅依发包方的意思表示即发生效力，而是需要经过法院审查确认其具备法定行使条件后方可生效，因此，其诉讼请求的内容应为：请求法院确认终止权发生"土地承包经营权消灭"的效力。值得说明的是，由于发包方向法院提起"土地承包经营权终止之诉"的行为中已经包含了"行使终止权"的意思表示，所以，在法院审查确认终止权具备行使条件后，即可直接作出"终止权生效（土地承包经营权消灭）"的判决，而无需发包方再作出"行使终止权"的意思表示。

三、当事人的举证责任

在土地承包经营权终止之诉中，发包方对"终止权已具备行使条件"负有举证责任，即发包方须提出证据证明"终止权的某法定发生事由已经成就且发包方已履行了必要前置程序"。而承包方在诉讼中主张"终止权不具备法定行使条件"的，也须要承担一定的举证责任，如提出证据证明"终止权的存续期间已经届满"、"终止权已构成权利失效"。双方当事人也可以针对"终止权是否具备行使条件"展开辩论。

四、法院审查的对象

在土地承包经营权终止之诉中，法院的作用就在于：对"终止权是否具备法定行使条件"作出权威性认定，以避免分歧和争议。可见，法院审查的对象就是"终止权是否具备法定行使条件"，即审查终止权是否同时具备"法定发生事由是否成就、发包方已经履行必要前置程序、终止权尚未（因存续期间届满或适用权利失效规则而）消灭"这三个条件。详言之，法院需要通过对相关证据及相关法律规范的审查，对"终止权的法定发生事由是否成就、发包方是否已履行必要前置程序、终止权是否已因存续期间届满或适用权利失效规则而消灭"作出判定，并以此判定为基础，作出"终止权发生效力"或"终止权不发生效力"的生效判决。

五、法院判决的效力范围

法院对"终止权是否生效"的判决有两种：一种是肯定性判决，即判决：终止权具备法定行使条件，发生土地承包经营权消灭的效力。此时，终止权是借助于法院判决的既判力（而非仅依法律行为）发生土地承包经营权消灭的物权变动效果，不以完成物权公示为必要。另一种是否定性判决，即判决：终止权不具备法定行使条件，不发生任何效力。值得注意的是，该项判决仅对本次"终止权的行使行为"产生既判力，不妨碍发包方于新的情形（终止权的法定发生事由成就）出现时，再次行使终止权。

第五章

承包地收回的生效机制

——终止权的实现

如前所述，关于"承包地收回的法律效果为引起土地承包经营权消灭"，学界已基本形成共识，本章无需赘述。而《物权法》已将土地承包经营权定性为"用益物权"，那么，行使终止权的法律效果为：发生用益物权消灭的物权变动效力。物权变动依其发生效力的根据可划分为依法律行为发生的物权变动和非依法律行为发生的物权变动。我国《物权法》对这两种物权变动，分别提出了不同的要求：依法律行为发生的物权变动以完成物权公示为生效条件（《物权法》第6、9、23条）；而非依法律行为发生的物权变动可不经过物权公示而直接依据特定的法律事实而发生物权变动的效力，即不以完成物权公示为生效条件（《物权法》第28~30条）。

第一节 终止权的两种实现途径

终止权根据其法定发生事由及其行使方式的不同，可分为单纯形成权性质的终止权和形成诉权性质的终止权。前者以"承包期内，承包方全体家庭成员有引起原集体经济组织农户家庭消亡的三种情形"作为发生事由，发包方只需以"单方意思表示"为之即可。后者以"承包期内，承包方有连续 2 年弃耕抛荒；改变土地农业用途，将土地用于非农建设；给承包地造成永久性损害这三项违反保护与合理利用农地之法定义务的行为"作为发生事由，发包方须要通过向法院提起"土地承包经营权终止之诉"以行使终止权。一般情况下，单纯形成权性质的终止权通过法律行为即可发生效力，但是，存在一种例外情形：如果承包方（终止权的相对方）在异议期间内向法院提起了"异议之诉"，就将终止权的运行导入司法程序，该单纯形成权性质的终止权就不再能仅依法律行为而发生土地承包经营权消灭的效力，而是要依据法院的判决来决定。而形成诉权性质的终止权则都是通过法院的生效判决发生效力的。

由此，可将终止权的两种生效途径及其各自的情形归纳为：

一、依法律行为发生效力的终止权

依单方意思表示（法律行为）发生效力的终止权的具体情形为：当出现承包方全体家庭成员"迁入设区的市转为非农业户口、迁入其他集体经济组织且在该新居住地已取得土地承包经营权、死亡"这三种情形之一时，发包方依单方意思表示行使终止权，而承包方未在异议期间内向法院提起"异议之诉"的，终止权依法律行为发生效力。

二、依法院判决发生效力的终止权

依法院判决而实现的终止权的具体情形有二：其一，当承包方有"连续 2 年弃耕抛荒；将土地用于非农建设；给承包地造成永久性损害这三项违反保护与合理利用农地之法定义务"的行为之一时，发包方向法院提起"土地承包经营权终止之诉"的，终止权通过法院的生效判决发生效力。其二，当出现承包方全体家庭成员具有"迁入设区的市转为非农业户口、迁入其他集体经济组织且在该新居住地已取得土地承包经营权、死亡"这三种情形之一时，发包方依单方意思表示行使终止权，而承包方在异议期间内向法院提起了"异议之诉"的，则终止权通过法院的生效判决发生效力。

第二节　终止权依法律行为发生效力的条件

通过行使终止权的单方意思表示使土地承包经营权归于消灭属于依法律行为而发生的物权变动，涉及"土地承包经营权适用何种物权变动模式"的问题，适用不同的物权变动模式将直接导致终止权的生效条件不同。然而，对于该问题，我国学界尚未形成一致的意见。

根据我国物权立法，土地承包经营权的变动不以登记为生效要件，这意味着登记不是土地承包经营权变动的必要条件，土地承包经营权变动存在着不同于其他不动产物权的公示方式，同时《物权法》第127条和《农村土地承包法》第22条也没有直接明示此类公示方式为"土地承包经营权设定之生效条件"。由此出现了"我国立法对土地承包经营权的设定采用了意思主义的物权变动模式，即土地承包经营权的设定直接依据债权性质的承包合同而生效"的判断。此一立场的主要论点可整理为：在"物权变动模式"问题上，我国物权立法现在处于意思主义、形式主义等两种以上物权变动模式同时存在的混合状态，《物权法》第二章确立了多元的物权变动模式：以债权形式主义的物权变动模式为原则，以意思主义的物权变动模式为例外。其中，前者的法律依据为《物权法》第9条第1款，第14、23条，而后者的法律依据为《物权法》第127条第 1 款、第 129 条。[1]与此相对应，根据《物权法》，公示的效力则有"公示要件主义"和"公示对抗主义"之别。《物权法》第 9 条第 1 款确认了登记和交付在物权变动中的形成效力，即属于采"公示要件主义"。而《物权法》第 129 条则采"公示对抗主义"。登记的对抗要件主义与意思主义的物权变动模式相对应。所以，《物权法》第 129 条等体现意思主义物权变动模式的规范，皆无一例外规定"未经登记，不得对抗善意第三人"[2]。

如果说《物权法》出台前，将《农村土地承包法》第 22、38 条的规定解释为"我国土地承包经营权的变动[3]采取债权意思主义的物权变动模式"尚有合理之处[4]，那么，在《物权法》已经全面确立"物权公示原则"，并在"依法律行为发生物权变动时，物权公示之法律效力"问题上采取"公示要件主义"的制度背景下，仍然对《物权法》第 127、129 条作出此等解释就大有值得商榷的余地。

体现在《物权法》第 127、129 条，《农村土地承包法》第 22、38 条的土地承包经营权变动模式是规范物权变动模式之规整体系的构成部分：一方面，法律中的诸多规范，其彼此并非只是单纯并

---

〔1〕　参见王轶、关淑芳："物权变动制度三论"，载《法律适用》2008 年第 Z1 期。持类似观点的学者还有李永军、高圣平、丘国中等，具体可参见李永军、肖思婷："我国《物权法》登记对抗与登记生效模式并存思考"，载《北方法学》2010 年第 3 期。陈学文、高圣平："土地承包经营权流转视野下的土地承包经营权登记制度：困境与出路"，载《学术探索》2010 年第 3 期。丘国中："论土地承包经营权中登记的法律效力"，载《哈尔滨学院学报》2008 年第 1 期。

〔2〕　王轶、关淑芳："物权变动制度三论"，载《法律适用》2008 年第 1 期。

〔3〕　本书研究的对象为：我国法秩序下，以家庭承包方式取得的土地承包经营权依法律行为而发生变动时对公示方式的要求以及土地承包经营权登记的法律意义。因此，在本书中出现的"土地承包经营权"均指以家庭承包方式取得的土地承包经营权。

〔4〕　马新彦、李国强："土地承包经营权流转的物权法思考"，载《法商研究》2005 年第 5 期。

列，而是以多种方式相互指涉，只有透过它们的彼此交织及相互合作才能产生一个规整。法秩序并非法条的总和，毋宁是由许多规整所构成。在规整特定事项时，法律形成许多构成要件，基于特定指导观点赋予其法效果。法学最重要的任务之一，正是透过这种指导观点，清楚指出各法条的意义及其相互之间的意义关联。只有将法规范与所属规整中其他规范（在法律中，其彼此可能相隔甚远）相结合，才能真正理解该规范确切的规范意旨及其作用范围。另一方面，除非有某些足够的理由（通常是某些历史、习惯、政策或正义的考虑因素），不能引入不一致、无关性和人为的例外来糟蹋法律结构的对称，如果没有这样一个理由，就必须符合逻辑，并且要以逻辑这一类东西作为基础。[1]本书根据现行物权法秩序基本思想，运用体系解释方法，在理清其所属规整内相关条文[2]间勾连关系的基础上，对《物权法》第127条等关于土地承包经营权变动模式的规范作出适切的解释，以使《物权法》内部各规范都各得其所、彼此衔接并相互配合，形成逻辑统一"公示要件主义"的物权变动模式。

一、"公示要件主义"是统摄性物权变动模式

依据《物权法》第9条第1款，第14、23条，基于合同行为发生物权变动法律效果的一般规则是，在交易的当事人之间，欲基于合同行为发生物权变动的法律效果，最低限度需要同时满足两项条件：其一，当事人之间需要存在生效的合同行为；其二，当事人

---

〔1〕 参见［美］本杰明·卡多佐：《司法过程的性质》，苏力译，商务印书馆1998年版，第18页。

〔2〕 具体指《物权法》第2、6、9、15条以及《农村土地承包法》第19、21、22、38条。

需要采用法定的公示方法。这即是债权形式主义的物权变动模式。[1]可见，《物权法》第6条、第9条第1款，第14、23条构成了我国立法在"物权如何依法律行为发生变动"问题上采取"公示要件主义"物权变动模式的法律依据。[2]而且，此为物权变动的一般规则，这里的问题是在作为一般规则的"公示要件主义"物权变动模式之外，《物权法》是否确立了其他的物权变动模式作为例外。本书认为并无这样的例外存在：

（一）"公示要件主义"物权变动模式与物权对世效力存在联动关系

物权变动模式是当代各大陆法系国家基于对"物权与债权在性质及效力上的区分"存在不同的认识，就"物权变动的原因与结果之间的关系"、"物权变动的生效要件"规定了不同的立法体例。物权变动模式的选择涉及对物权法理论中"是否承认物权具有不同于债权的性质及效力（物权属于绝对权，具有对世效力；而债权属于相对权，仅具有对人效力）"这一基础性问题的认识。

"意思主义"是法国及日本民法采用的物权变动模式。在法国法中，并没有严格的物权与债权的划分，而是使用"广义财产权"的概念。既然没有物权与债权的划分，也就没有物权变动与债权变动的区分。因此，在法国法中，物权变动与债权变动的法律效果是一致的，它们的法律根据也是同一的。一项法律行为，如果能够发

---

〔1〕 王轶、关淑芳："物权变动制度三论"，载《法律适用》2008年第Z1期。

〔2〕 由于本书在物权变动模式问题上讨论的焦点为"物权的变动是否以践行一定的公示方式为生效要件"而非"是否承认物权行为的独立性"，因此，本书依据"除当事人意思以外，物权的变动是否还以践行物权公示方式为生效要件"将物权变动模式划分为意思主义和形式主义，超越了依据"除债权意思及践行物权公示方式外，是否还以作成一个独立于债权意思的、以物权变动为内容的物权行为为物权变动的生效要件"而存在于形式主义物权变动模式内部的"债权形式主义"与"物权形式主义"之分，也就是本书的结论可统一适用于"债权形式主义"与"物权形式主义"。这里的"形式主义物权变动模式"体现在法律规则上，就是"公示要件主义"物权变动规则。

生债权法上的效力，也就能够发生物权法上的效力。[1]既然法国法中并不强调物权的排他效力，那么，也就无须要求物权变动以践履公示方式为要件。

如果承认物权是一种具有绝对排他效力的对世权，物权变动就会对物权人以外的不特定人影响重大，则物权法律关系必须透明化，物权变动就必须具有足以由外界可辨识的表征。只有经过物权公示，物权人依据物权的效力特征排斥他人的意思时，对他人才是公平的、安全的。很显然，在物权变动规则上采取"公示要件主义"是"物权具有对世效力"的必然要求。《物权法》第2条第3款规定："本法所称物权，是指权利人依法对特定的物享有直接支配和排他的权利"。这里的"排他"强调的就是物权属于"对世权"。"物权是一种财产权，是权利人在法律规定的范围内对一定的物享有直接支配并排除他人干涉的权利。由于物权是直接支配物的权利，因而物权又称为'绝对权'；物权的权利人享有物权，任何其他人都不得非法干预，物权的义务人是物权的权利人以外的任何其他的人，因此物权又称为'对世权'。"进而："在权利性质上，物权与债权不同。债权的权利义务限于当事人之间，债权是债权人要求债务人作为或者不作为的权利，不能要求与其债权债务关系无关的人作为或者不作为。正因如此，债权被称为'对人权'、'相对权'。"[2]可见，《物权法》确立的物权都是对世权，具有对抗物

---

〔1〕 孙宪忠：《中国物权法总论》，法律出版社2009年版，第257页。

〔2〕 胡康生主编：《中华人民共和国物权法释义》，法律出版社2007年版，第25～26页。

权人以外的任何人的效力，并不存在例外。[1]这一制度背景决定了：我国立法不再有设定"意思主义"物权变动模式的余地。因此，我国物权法秩序只能确立"公示要件主义"这一种物权变动模式，《物权法》基于对"物权作为绝对权、对世权之基本属性"的全面承认和对"物权与债权在性质及效力上"的明确区分，必须在物权变动模式问题上全面确立"公示要件主义"物权变动规则。即便个别法律规范在字面表述上可能会使人产生"有悖于该当物权变动规则之基本要求"的理解，也不应将其解释为"法律根据不同的情形，采取多种物权变动模式"。

（二）《物权法》第6条确立了"公示要件主义"物权变动模式

《物权法》第6条规定，不动产物权的设立、变更、转让和消灭，应当依照法律规定登记。动产物权的设立和转让，应当依照法律规定交付。此为关于物权公示原则的规定，物权的变动必须以法律许可的方式向社会展示，从而获得社会的承认和法律保护。[2]物权公示原则解决两个方面的问题：第一个方面，物权人享有物权、物权的内容变更或者物权消灭以什么方式确定，是物权变动的规则问题。物权公示的主要方法是不动产物权的设立、变更、转让和消灭经过登记发生效力，动产物权的设立、转让通过交付发生效力。第二个方面，由于物权是排他的"绝对权"、"对世权"，要求不特定的义务人负有不作为的义务，因此必须让义务人清楚地知道谁是

---

〔1〕　为了支持其"《物权法》中还存在意思主义物权变动模式"的论断，王轶教授指出："我国《物权法》认可不具有对世效力的物权存在，这也是《物权法》第2条第3款仅将物权界定为支配权，而没有强调物权属于对世权的原因。在这种意义上，登记的对抗力制度实为物权取得对世效力的一种制度。"王轶、关淑芳："物权变动制度三论"，载《法律适用》2008年第Z1期。遗憾的是，这一论断只能被认定为是"为了解释上的方便，而对法律作出的刻意变通"。

〔2〕　孙宪忠：《中国物权法总论》，法律出版社2009年版，第271页。

权利人，不应该妨碍谁。这都要求以令公众信服的特定方式确定，让大家很容易、很明白地知道该物是谁的，以维护权利人和社会公众的合法权益，这是物权的公信问题。[1]

因此，尽管《物权法》第6条没有进一步明确"不具备公示方式会对物权变动的效力产生何种影响"，但"不动产物权的设立、变更、转让和消灭经过登记发生效力，动产物权的设立、转让通过交付发生效力"的物权变动规则就构成了"公示要件主义"的物权变动模式，即不具备法律许可的公示方式，不发生物权变动。可见，"公示要件主义"物权变动模式作为"物权公示原则"的内在要求，已为《物权法》第6条所确定。

我国现行法中也不存在对《物权法》第6条确立的"公示要件主义"的例外规定。一方面，《物权法》第9条第1款并不能构成对"公示要件主义"作出例外规定的法律依据。从"有关物权变动之规整"内部的逻辑结构来看，依据《物权法》第9条第1款，不动产物权的基本公示方式为不动产登记，其确立的"不动产物权变动的一般规则——登记要件主义"只是《物权法》第6条确立的"公示要件主义"物权变动模式在不动产物权变动中的下位规则。[2]《物权法》第9条"但书"的有效射程只能及于该条本身所确立的"登记要件主义"，而不能及于《物权法》第6条所确立的上位规则——"公示要件主义"。也就是说，其只授权对"不动产物权的公示方式——登记"作出例外规定，而不能对"公示方式是不动产物权变动的生效要件"作出例外规定。另一方面，作为

---

〔1〕 胡康生主编：《中华人民共和国物权法释义》，法律出版社2007年版，第31～32页。

〔2〕 《物权法》第9条的立法理由也说明了这一点："本法第一章规定了物权公示的基本原则，本条的规定，是对不动产公示原则的具体体现。"胡康生主编：《中华人民共和国物权法释义》，法律出版社2007年版，第38、39页。

"公示要件主义"之法律依据的《物权法》第6条中并未设有例外，即没有作出"法律另有规定的除外"的规定。可见，法律在这里要强调的是：在中国物权法体系下，所有依法律行为而发生的物权变动都必须以法律许可的方式向社会展示，并不存在任何一种不动产物权（无论是一般的以登记为公示方式的不动产物权，还是法律规定了特殊公示方式的不动产物权）可以在不具备任何公示方式的情况下，仅依据当事人的债权合意而发生变动。正如孙宪忠教授所言：在依法律行为发生物权变动的情况下，"不登记不生效"的规则有法定例外的情形。这些情形都是当事人物权变动的意思表示能够被"与登记类似的公示方式"予以证明，物权变动依据法理也能够生效的情形。[1] 这里所说的"法理"指的就是"公示要件主义"物权变动规则。

二、土地承包经营权的变动规则与"公示要件主义"

将《物权法》第127条解释为"我国立法对土地承包经营权的设定采用了意思主义物权变动模式"的理由在于：由于《物权法》第127条第1款及《农村土地承包法》第22条没有规定任何公示方式，且仅就解释论而言，《农村土地承包法》和《物权法》的上引条文无法得出"土地承包经营权的设立除了土地承包合同之外尚需践行交付"的结论，因此，我国立法关于土地承包经营权的设定，显然采"意思主义"物权变动模式，而《物权法》第9条有关不动产物权登记中的"法律另有规定的除外"的例外性规定，在

---

〔1〕　孙宪忠：《中国物权法总论》，法律出版社2009年版，第285页。

以家庭承包方式取得的土地承包经营权的设定上得到了充分的体现。[1]可见，这里立论依据有二：其一，《物权法》第 127 条及《农村土地承包法》第 22 条并没有关于"完成物权公示"的规定，也就是说未直接规定"承包合同自完成登记或其他公示方式时起生效"。其二，《物权法》第 9 条"例外规定"是指法律可以对"公示要件主义"（物权公示是物权变动的生效要件）作出例外规定，而将《物权法》第 127 条解释为"土地承包经营权的设定采用意思主义物权变动模式，即不以具备公示方式为生效要件，正是该例外规定的充分体现"。事实上，这是对"公示要件主义"与不动产物权登记效力关系的误解，造成这种误解的来源有：

（一）在解释方法上，倚重"文义解释"，忽视了"体系解释"的重要性

文义因素在法律解释过程中仅发挥"范围性功能"，即它划出法律解释活动可能的最大范围。黄茂荣教授曾指出：着手解释法律的时候，首先便须去确定文义涵盖的范围。但充其量只表示各因素因其功能而被考虑的先后，丝毫不意味着哪一个因素在分量上应优先于另一个因素。在解释法律时，切不可忽视"体系因素"的重要性。每一个法律上的字句，都紧密交织在法体系中，构成一个有意义的关系。因此，要了解它们，首先应顾及上下文，且不得断章取义。[2]我们在探寻《物权法》第 127 条规范意旨的过程中，只有将

---

〔1〕 参见陈学文、高圣平："土地承包经营权流转视野下的土地承包经营权登记制度：困境与出路"，载《学术探索》2010 年第 3 期。丘国中："论土地承包经营权中登记的法律效力"，载《哈尔滨学院学报》2008 年第 1 期。王轶、关淑芳："物权变动制度三论"，载《法律适用》2008 年第 Z1 期。
〔2〕 参见（台）黄茂荣：《法学方法与现代民法》，中国政法大学出版社 2001 年版，第 276、280 页。

其置于有关规定〔1〕的规整脉络当中，而不是孤立地考察该当规范，才能正确认识其规范背后的法律评价。

（二）对《物权法》第9条第1款的射程缺乏准确的把握

《物权法》第9条第1款规定，不动产物权的设立、变更、转让和消灭，经依法登记，发生效力；未经登记，不发生效力，但法律另有规定的除外。固然孤立地从该规范的文义来看，这里的"但书"既可以解释为法律可对"登记作为不动产物权的公示方式"作出例外规定，也可以解释为法律可对"公示方式对不动产物权变动的效力"作出例外规定，还可以解释为二者兼而有之。然而，由法学的眼光来看，个别的法条，即使是完全法条，都只是一个更广泛的规整之组成部分〔2〕。《物权法》第9条第1款的"例外规定"属于针对"物权变动模式事项"之规整中的一个组成部分，对它的解释，应当环顾其与所属规整内其他规范之间的意义关联。

如上所述，《物权法》第9条第1款仅是《物权法》第6条确立的"公示要件主义"（物权公示原则）在不动产物权上的具体体现——"登记要件主义"及其例外的法律依据，尽管"原则上不动产物权登记是不动产物权的法定公示手段，是不动产物权设立、变更、转让和消灭的生效要件，也是不动产物权依法获得承认和保护的依据"，但"考虑到现行法律的规定以及我国的实际情况尤其是农村的实际情况，本法并没有对不动产物权的设立、变更、转让和消灭，一概规定必须经依法登记才发生效力。"〔3〕而且，《物权法》第6条中"依照法律规定"及其立法理由中"物权公示的主

---

〔1〕 我国《物权法》第2、6、9、15条以及《农村土地承包法》第19条、第21条。

〔2〕 ［德］卡尔·拉伦茨：《法学方法论》，陈爱娥译，商务印书馆2003年版，第144页。

〔3〕 胡康生主编：《中华人民共和国物权法释义》，法律出版社2007年版，第39～41页。

要方法"的表述也意味着并非所有的不动产物权变动都适用登记的公示方法[1]，这都为《物权法》第9条对"登记"作出例外规定作了铺垫。

可见，由于《物权法》第6条确立的"公示要件主义"物权变动规则的制约，只能对《物权法》第9条第1款的"法律另有规定的除外"作限缩解释：法律可以对"登记作为不动产物权的公示方式"作出例外规定，即对于一些特殊的不动产物权（如土地承包经营权）或不动产物权变动的特殊情况（如房屋买卖中交付的公示效力），可以承认"登记以外的其他公示方式"作为不动产物权变动的生效要件。也就是此处的"但书"是对"登记要件主义"作出的例外规定，而非对"公示要件主义"作出的例外规定。

（三）对"公示要件主义"涵摄范围的理解失于机械

既然"公示要件主义"作为物权变动之统摄性模式，统摄具体物权的变动模式，"公示要件主义"就是在实质意义上（而非法律形式意义上）对依法律行为发生的物权变动所作出的要求，即只要在对物权行为作效力判断之时，在客观上完成了"法律许可的、能为外界所查知的公示方式"就可以发生物权变动的法律效果。因此，并非只有法律明文就各具体物权规定"某种物权的变动，自完成公示方式时，生效"才意味着该种物权的变动奉行"公示要件主义"模式。

《物权法》第9条已将登记确定为我国不动产物权的主要公示方法，并将其作为绝大多数不动产物权变动的生效要件，但其第1款后半段的"但书"意指法律可以在符合"物权公示原则"、"公示要件主义"的前提下，对具有特殊性的不动产物权的公示方式在登记之外作出灵活性规定。

---

〔1〕 江平、刘智慧：《中国物权法释解与应用》，人民法院出版社2007年版，第18页。

订立土地承包合同的程序要件具备物权变动的公示功能。我国立法已经将"完成一定的公示方式"作为"土地承包合同的成立要件"。在承包合同签订之时，发包、承包双方就已经践履了一定的公示方式，符合了"以法律许可的方式向社会展示"的公示要求。根据《农村土地承包法》第19条，在签订承包合同之前，先要履行两项法定程序——"召开本集体经济组织成员的村民会议，讨论通过已公布的承包方案"和"公开组织实施承包方案"。第一，"召开村民会议，讨论通过承包方案"具有物权公示作用。物权公示的一项重要功能在于通过将物权变动状态向社会展示来保护"可能受让物权的善意第三人"的利益。在村民会议上讨论通过已公布的承包方案（各承包地的权属状况），就使"本集体经济组织的成员"等可能受土地承包经营权影响的第三人了解到了土地承包经营权的归属状态。我国农村是熟人社会，村民和村民之间对彼此的土地承包情况都很熟悉，本集体经济组织以外的农户在受让土地承包经营权时也可以通过本集体经济组织的其他成员了解有关承包地权属状况的信息。正如孙宪忠教授所说，农村土地承包经营权的设立，采取订立承包合同并召开"成员集体大会"（村民大会）的生效原则。这里的"召开村民大会"本身就是物权公示原则的应用。[1]第二，"公开组织实施承包方案"具有物权公示作用。"公开组织实施承包方案这一阶段直接关系到承包方案的内容能否落实到实处。"[2]"将承包方案落实到实处"实际上就是运用现代技术手段对承包方案中的各块承包地进行实地勘界并经由权利人和权利相关人现场签字确认后，将各块承包地交付（移转占有）于各权利人的过程。为了确保发包方实际履行即将按照承包方案签订的承包合

---

〔1〕　孙宪忠：《中国物权法总论》，法律出版社2009年版，第280页。

〔2〕　胡康生主编：《中华人民共和国农村土地承包法释义》，法律出版社2002年版，第55页。

同，发包方在签订承包合同之前，须将合同的标的物（承包地）交付给承包方。能够表征该项意思表示的所有公示方式都应当发生物权变动有效的结果，"承包地的占有交付"当然也会发生变动中物权确认的结果。《物权法》第 142 条的"但书"条款就间接地在登记之外承认了"不动产交付"作为物权取得的公示方式，具有物权公示效力。[1]

在此基础上，"签订书面形式的承包合同"也应理解为设定土地承包经营权的公示方式，具有物权公示功能。根据《农村土地承包法》第 21 条，发包方与承包方签订的承包合同应当以书面形式作出。必须指出的是，即使不将这里的合同解释为物权合同，此合同也非彼合同，这里的合同不仅是法律行为或法律关系意义上的，而且是合同的书面形式意义上的。书面合同签订之际，当事人关于设定土地承包经营权的合意早已达成，该书面合同的作用在于公示土地承包经营权的设定，而非仅有设定债权债务关系的效力。作为土地承包经营权权属状态最重要之法律依据的书面承包合同本身就具有一定的"易为外界所查知、确立土地承包经营权享有及行使基准"的作用。土地承包经营权人要实现对承包地的独占支配、排斥他人的干涉，只需依据其对承包地的实际占有并出示书面承包合同即可。另外，书面承包合同记载的内容也是县级以上人民政府审核并颁发土地承包经营权证，进行土地承包经营权登记，农村土地主管部门建立土地承包档案进行承包合同管理工作的重要依据，第三方对书面承包合同的真实性有异议的，可以到土地登记部门、承包合同管理部门查阅核实。可见，书面承包合同与承包合同管理制度的紧密结合，就具有将土地承包的权属状态向社会展示的作用。

由此可见，法律之所以没有将登记规定为土地承包经营权变动

---

〔1〕 更为详尽的论述可参见孙宪忠：《中国物权法总论》，法律出版社 2009 年版，第 278 页。

所必须践行的公示方法并不是因为土地承包经营权的变动无须具备公示方式，而是由于土地承包经营权存在的社会环境、土地承包经营权的设定条件和程序等方面的特殊性，即使非经登记，也使其变动在客观上具备了足以由外界可辨识的表征，这使得再将登记规定为土地承包经营权变动的生效要件失去了充分的必要性。因此，不能因为《物权法》第 127 条及《农村土地承包法》第 22 条没有直接规定"土地承包经营权自完成登记或其他公示方式时起生效"就认为土地承包经营权没有公示方式[1]，更不能认为我国法律对于土地承包经营权的设定不采取"公示要件主义"的物权变动模式，而是采取"意思主义"的物权变动模式。

结合《农村土地承包法》第 19、21 条的规定，将《物权法》第 127 条解释为《物权法》第 6 条及第 9 条第 1 款之"例外规定"在土地承包经营权变动问题上的具体体现，详言之，土地承包经营权的变动仍遵循《物权法》第 6 条确立的"形式主义"物权变动规则，符合"公示要件主义"；《物权法》第 9 条第 1 款的"法律另有规定的除外"是指我国法律可以根据具体情况，对不动产物权变动的公示方式——登记作出例外规定，即对于具有特殊性的不动产物权的变动，不以登记为必要，但仍以完成"法律许可的、能为外界所查知的其他公示方式"为必要。土地承包经营权就属于这种"具有特殊性的不动产物权"，其变动可以"登记以外的其他方式"作为公示方法，不以登记为必要。这些"登记以外的其他方式"为：召开村民会议，讨论通过已公布的承包方案；公开组织实施承包方案，交付承包地；签订书面形式的承包合同并将其与农村土地承包合同的管理制度紧密结合，由《农村土地承包法》第 19、21 条将这些公示方式规定于土地承包经营权合同的成立要件当中。由

---

〔1〕　陈小君等:《农村土地法律制度研究》，中国政法大学出版社 2004 年版，第 332 页。

于土地承包经营权合同成立是土地承包经营权设定生效的前提，因此，在技术上，就无须再赘述这些公示方式为土地承包经营权设定的生效条件。

三、土地承包经营权变动登记的法律效力解读

因公示程度的差异，不同的公示方式引发的物权变动效果存在差别。《物权法》第 129 条规定，土地承包经营权人将土地承包经营权互换、转让，当事人要求登记的，应当向县级以上地方人民政府申请土地承包经营权变更登记；未经登记，不得对抗善意第三人。关于该条的理解，一种观点认为，根据《物权法》第 129 条及《农村土地承包法》第 38 条，我国现行法在土地承包经营权的流转上采取了登记对抗主义模式，亦即，就土地承包经营权的流转，当事人之间达成流转合同，并经发包人备案或同意后，该土地承包经营权即在当事人之间发生法律效力，而不强求当事人登记，但未经登记，当事人不得对善意第三人主张土地承包经营权的流转。[1] 这似乎是认为我国《物权法》在土地承包经营权的"设立"与"流转"[2] 上分别采取了"意思主义"与"登记对抗主义"两种不同的、相互并列的物权变动模式。

如前所述，我国立法只确立"公示要件主义"这一种物权变动模式，并未就不同种类的物权分别规定不同的物权变动模式，也未对同一种物权的不同变动方式（设定、移转、消灭）规定不同的物权变动模式，否则，必将造成规整内逻辑体系的混乱。孙宪忠教授就曾正确地指出：中国《物权法》在土地承包经营权等存在"登

---

〔1〕 陈学文、高圣平："土地承包经营权流转视野下的土地承包经营权登记制度：困境与出路"，载《学术探索》2010 年第 3 期。

〔2〕 "设立"与"流转"并非与"用益物权变动"相对应的、严谨的法律概念，对应的法律概念为"设定"和"移转"。

记以外的其他公示方式"的不动产物权移转问题上,实行了"对抗主义"的做法。对抗主义不能被理解为物权变动直接依据债权意义的合同生效的规则。至少应坚持自"标的物实际移转占有时"始发生物权变动。另外,不同的公示方式发生的物权变动效果是有区别的,这是因为公示程度的差异。第三人的权利必须是一种经过更加有效的公示方式所取得的物权或者其他支配权。所以,在解释公示对抗主义法律规则时,必须遵守区分原则,还要采取公示要件主义原则。[1]在登记对抗主义的观念下,物权的变动尽管发生在登记之前,但必定发生在践行特定的公示方式之后。

因此,在解释《物权法》第 129 条时,不但要符合《物权法》第 6 条"公示要件主义"的要求,而且要注意与《物权法》第 9、127 条间的配合:

第一,这里所说的"登记对抗主义"[2]并非我国确立的另外一种物权变动模式,土地承包经营权的移转,仍应遵循"形式主义"物权变动模式,符合"公示要件主义"物权变动规则的要求。

第二,"登记对抗主义"是解决同一不动产物权上多种不同物权公示方式之间冲突的规则。土地承包经营权的变动存在登记以外的其他公示方式,这就可能出现不同公示方式向社会展示的权属信息不一致的情况。"登记对抗主义"就是通过"赋予不同公示方式以不同强度之法律效力"的方式,为土地承包经营权的享有及行使确立一个基准的法律规则。

第三,应注意将《物权法》第 129 条的"登记对抗主义"与法国民法、日本民法中的"公示对抗主义"严格区分。其一,体现的物权变动模式不同:前者体现"形式主义"的物权变动模式;后

---

〔1〕 孙宪忠:《中国物权法总论》,法律出版社 2009 年版,第 274、285 页。

〔2〕 为了明确表达其涵义并与法国民法中的"公示对抗主义"相区分,本书将《物权法》第 129 条确立的法律规则称为"登记对抗主义"。

者则体现·"意思主义"的物权变动模式。其二，适用的物权范围不同：前者是与"不动产物权变动登记要件主义的例外规定"相配合的法律制度，只适用于一些特殊的不动产物权；而后者是与"意思主义"物权变动模式相配合的法律制度，适用于所有的物权。在中国的物权法秩序下，只有少数的不动产物权变动存在登记以外的其他公示方式。"登记对抗主义"法律规则只适用于这些特殊的不动产物权的移转。而在法国民法、日本民法中，"公示对抗主义"不但适用于不动产，还适用于动产。其三，对抗形式不同：前者是不同公示方式之间的对抗；而后者是具有公示方式与不具有公示方式之间的对抗。在中国法秩序下，由于物权移转必须经过物权公示才能发生效力，所以，只可能出现通过"登记以外的其他物权公示方式"而取得不动产物权的真正权利人不得对抗经过物权登记而受让不动产物权的善意第三人的情形。在意思主义规范模式下，由于不经过物权公示就能够发生物权移转的效力，所以，"公示对抗主义"主要就是指未经过物权公示而取得物权的人不得对抗经过物权公示而受让物权的善意第三人。[1]

综上所述，可以将土地承包经营权变动的"公示要件主义"模式归纳为：土地承包经营权的变动可以通过"登记"进行公示，也可通过"其他公示方式"进行公示，都可以发生物权变动的法律效果。但是，当一项土地承包经营权的变动分别以不同的方式公示时，登记具有比其他公示方式更强的物权公示效力。也就是说，当权利人以登记以外的其他公示方式将土地承包经营权移转于受让人

---

〔1〕 田山辉明教授指出："经过公示的物权是得到认可的，未经公示的物权发生变动，与经过公示的物权发生冲突时，这种变动不会被认可。换句话说，要使某种物权得到社会的认可，必须经过相应的公示（对抗要件主义）。"日本民法承认未经公示的物权，但在它进行相应的公示之前，原则上第三人可以把它作为未发生物权变动来对待。参见［日］田山辉明：《物权法》（增订本），陆庆胜译，法律出版社2001年版，第30页。

后，又将其移转于善意第三人并为其办理了登记时，法律承认并优先保护善意第三人取得土地承包经营权，这体现了法律对善意第三人的保护。

由是可知，土地承包经营权的变动遵循"公示要件主义"物权变动规则，土地承包经营权的公示方式除了"登记"以外，还有"登记以外的其他方式"，即召开村民会议，讨论通过已公布的承包方案；公开组织实施承包方案，交付承包地；签订书面形式的承包合同并将其与农村土地承包合同的管理制度紧密结合。

根据"物权公示原则"的要求，依法律行为而引起不动产用益物权的绝对消灭，须公示使土地权属回复到用益物权设立以前的状态，始可发生效力。土地承包经营权终止至少要满足设定土地承包经营权场合物权公示原则的要求。

承包方享有的土地承包经营权，可能经过了登记的公示方式，也可能没有经过登记的公示方式（仅通过其他公示方式而取得）。发包方要使其终止权的行使发生土地承包经营权消灭的法律效力，也应当区别土地承包经营权"是否进行过登记"而分别践行不同的公示方式：在土地承包经营权从未进行过登记场合，终止权的行使只需收回并注销书面承包合同、恢复对承包地的占有、将"土地承包经营权终止的事实"在村民会议上予以公告；在土地承包经营权进行过登记场合，除了要收回并注销书面承包合同、恢复对承包地的占有及将"土地承包经营权终止的事实"在村民会议上予以公告外，还要完成涂销登记，始发生土地承包经营权终止的法律效力。

有学者可能会提出质疑：形成权依其特性，仅依权利人一方之意思表示即可使法律关系发生、变更或消灭，而在本书中，发包方（终止权人）不能仅依其单方的"行使终止权"的意思表示即直接发生土地承包经营权消灭的效力，还需完成土地承包经营权的公示方式（往往需要相对方的配合），这是否与形成权基本原理相悖呢?

实际上，"终止权要发生土地承包经营权消灭的物权变动效力，须以完成物权公示为要件"与"形成权人得仅依其单方意思表示即发生一定法律效力"之间并不矛盾。如前所述，终止权属于"物权性形成权"，其运行除应符合形成权的相关法律规则外，还应适用物权法上的有关法律规则，而按照物权法律，依法律行为发生的物权变动以完成物权公示为生效要件。因此，终止权这种形成权具有一定的特殊性，其生效过程分两个阶段：在第一个阶段，行使终止权的单方意思表示（物权行为）成立后，完成物权公示以前，该法律状态已发生一定的法律效力——"物权行为的拘束力"，任何一方当事人不得单方面任意撤回。[1]可见，在发包方作成"行使终止权的意思表示"后，其也会产生一定的形成法律效力，即"物权行为的拘束力"，所以，终止权符合形成权"仅依形成权人单方之意思表示即可发生一定法律关系"的基本特征。在第二个阶段，完成物权公示后，发生土地承包经营权消灭的物权变动效力。

第三节　终止权依法院判决发生效力的条件

"在法治国家里，法院裁判是民事争议裁决的最后手段和最高手段，因此，法院判决生效以后，其所指定的各种权利义务关系将最终得到确定，并发生法院判决指向的效果。因此，依据法院判决发生的物权变动的时间也是在法院的判决或调解书生效之时，而不是物权公示之时。"[2]《物权法》第28条也明确规定，因人民法院、仲裁委员会的法律文书或者人民政府的征收决定等，导致物权

---

〔1〕　参见（台）王泽鉴：《民法物权1通则·所有权》，中国政法大学出版社2001年版，第108页。

〔2〕　孙宪忠：《中国物权法总论》，法律出版社2009年版，第303页。

设立、变更、转让或者消灭的，自法律文书或者人民政府的征收决定等生效时发生效力。由于权利变动的直接依据——法院判决在民法上具有等同于甚至超越不动产登记的公示效力[1]，因此，依法院判决发生的物权变动，无须践行物权公示，而是依据法院生效的判决书直接发生物权变动的法律效果。对于能使终止权发生土地承包经营权消灭之物权变动效力的法院判决，应说明者有二：

一、法院判决的性质为形成判决

并非所有类型的判决（如给付判决）均得直接产生物权变动的效力，唯有依其宣告足生物权法上取得、变更或消灭不动产物权效果之力，恒有拘束第三人之必要，而对于当事人之外之一切第三人亦有效力者（形成力，亦称创效力）的"形成判决"始足当之。[2]在"土地承包经营权终止之诉"及"异议之诉"中，法院对"终止权是否具备行使条件"作出认定，并在此基础上作出"土地承包经营权消灭或不消灭"的判决的性质应属于"形成判决"。

二、法院作出肯定性判决

并非只要终止权的运行被导入司法程序并由法院作出判决，就会发生"土地承包经营权消灭"的法律效力，如果法院经过审查认定终止权不具备行使条件，从而作出"终止权不发生效力"的否定性判决，则此次终止权的行使不发生效力。所以，无论是发包方提起"土地承包经营权终止之诉"的形成诉权性质的终止权还是承包方对之提起"异议之诉"的单纯形成权性质的终止权，都以法院作出"终止权具备行使条件，发生土地承包经营权消灭之效力"的肯

---

〔1〕 孙宪忠：《中国物权法总论》，法律出版社2009年版，第304页。

〔2〕 参见（台）王泽鉴：《民法物权1通则·所有权》，中国政法大学出版社2001年版，第113页。

定性判决[1]为生效条件。

综上所述，通过法院判决发生效力的终止权，自法院"肯定性的形成判决"生效时，发生土地承包经营权消灭的物权变动效力，无须再践行物权公示。

第四节　土地承包经营权因终止权行使而消灭的法律后果

土地承包经营权因终止权的行使而消灭后，法律应对承包地上的农作物及工作物（这里主要指辅助农业设施，如灌溉水渠、农用建筑）的归属作出妥当安排。在遵循物权法基本原理的前提下，基于"保护原承包方[2]（经济上的弱者）的利益；维护物之社会经济上的价值，尽可能将物归属于最有利于发挥其社会经济功能的主体；符合公平原则（维护双方当事人的利益平衡）"的考虑，本书作出以下制度设计：

一、原承包方负有将承包地恢复原状并返还于发包方的义务

土地承包经营权消灭后，承包方已无占有土地之正当权源，如其继续占有、使用土地或不取回有碍土地回复之物从而对土地所有权造成妨害，发包方自得依物上请求权请求其交还土地并恢复土地原状（恢复原状请求权）。与此相对应地，承包方负有恢复土地之原状并将其返还于发包方之义务，此为法理所当然，纵法律未设明

---

[1] 需要说明的是，这里的"肯定性判决"是指针对"终止权是否具备行使条件"做出肯定性回答的判决，而非针对原告（可能是发包方，也可能是承包方）的诉讼请求给予支持的判决。

[2] 之所以称其为"原承包方"是因为此时的土地承包经营权已经消灭，农户家庭已经失去承包方的法律地位。

文，亦应作此理解。

这里需说明者有二：其一，恢复原状的范围仅指那些"原承包方不欲行使取回权取回而发包方又不欲保留的、对土地所有权造成妨害的"工作物及农作物。原承包方已通过行使取回权而取回的部分自然不应再属于恢复原状之义务范围。另外，"恢复土地原状"义务之适用范围，应受《农村土地承包法》第26条第4款有关原承包方"有益费用偿还请求权"的限制，即原承包方对土地"为有益改良的部分"不应在其恢复原状义务之范围内。其二，所谓"返还土地"不仅应包括移转土地于发包方占有，还应包括"交回书面承包合同"和"涂销土地承包经营权登记"，即将土地承包经营权的公示方式回复到设定前之状态。[1]

二、承包地上的工作物及农作物的归属

（一）原承包方享有"取回权"

土地承包经营权消灭后，原承包方得取回其原承包地上的工作物及尚未收割的农作物（其取回不影响土地之价值），此为学说上所称的"取回权"或"投资收回权"。设置此项取回权的实益在于：不具有独立性的工作物（与土地之间为主物与从物的关系或已经成为土地之组成部分）及农作物（于收割前属于土地之组成部分）将于土地承包经营权消灭后，依照"从物随主物规则"及"添附规则"归属于土地所有人所有，这对原承包方显然有失公平，故法律须赋予其取回权。然此项取回权的范围应受到"有益费用偿还请求权"的限制，即土地上足以增加土地之客观经济价值的工作物（如为农业耕种而设的引水或排水设施）应属于对土地的有益改

---

〔1〕　这里主要指土地承包经营权直接依法院的判决而消灭的情形。因为依法律行为而消灭的情形，使土地承包经营权的公示方式回复到设定前的状态发生在土地承包经营权消灭之前，已无再为承包方设定此项义务之必要。

良，原承包方只能就其价值享有"有益费用偿还请求权"，但不得将其取回。

（二）原承包方享有"有益费用偿还请求权"

《农村土地承包法》第26条第4款规定，承包期内，承包方交回承包地或者发包方依法收回承包地时，承包方对其在承包地上投入而提高土地生产能力的，有权获得相应的补偿。通说认为，该款为"有益费用偿还请求权"之法律规则。

土地承包经营权因终止权的行使而消灭后，为保全社会经济价值，对于土地上"已与承包地紧密结合的（已构成土地之组成部分，以至于已无法取回的或若取回将减损其价值或流于无用）、足以增加土地之客观经济价值的工作物（若取回将减损土地之价值，如为农业耕种而设的引水或排水设施）及动产（如肥料）"，应认定为"对土地的有益改良"[1]，原承包方享有"有益费用偿还请求权"，发包方非但不得要求原承包方恢复原状，还应按其现存部分之市场价格给予原承包方经济补偿。

比较特殊的是，关于未至收割期的农作物之归属问题，应先由当事人双方协商确定，或为原承包方延长承包期至农作物收割之时，或将该农作物认定为"对土地的有益改良"，由发包方以时价购买之。协商不成的，可请求法院裁决。

（三）发包方享有"以时价购买权"

由于原承包方行使取回权，通常均将使地上物价值降低甚至流于无用，对社会经济自属不利，于双方亦非有益，故赋予发包方"以时价购买权"，即发包方得请求以时价购买承包地上之工作物或（未收割的）农作物，承包方如无正当理由[2]，则不得拒绝。需要

---

〔1〕 双方当事人对于"哪些属于对土地的有益改良"、"哪些属于对土地造成妨害"存在争议的，可请求法院作出裁决。

〔2〕 如工作物具有特别纪念价值、农作物为科学研究之成果。

说明的是，此项购买权的行使以"提出时价"为要件，而所谓"时价"是指土地承包经营权消灭之时，工作物或农作物的市场价格。为发包方设置此项"以时价购买权"及前项"以时价购买义务"是对土地承包这项继续性法律关系终止后双方当事人之权义予以规范，体现了对契约自由原则的限制，乃物权社会化之表现。[1]其功能在于，保护原承包方的利益（有利于其收回投资），保全社会之经济价值（使物归属于最能发挥其价值之人）。

三、原承包方享有再次承包本集体土地的权利

承包地收回的法律效果为土地承包经营权消灭而非取消原承包方的集体成员资格，所以，原承包方在其承包地被收回以后仍有权基于其成员权再次请求承包本集体的土地。但是，由于原承包方有违反保护与合理利用土地之法定义务的违法行为，所以发包方在收回承包地后应对原承包方"再次承包本集体土地的权利"做出一定的限制——在被终止的土地承包经营权剩余的承包期限内，原承包方不得再次要求承包本集体土地。关于"原承包方得否再次要求承包本集体土地"的问题，需要说明者有三：首先，该问题仅在"因承包方有违反保护与合理利用土地义务的行为而引起的承包地收回"中有讨论余地，因为在"因承包方农户家庭消亡引起的承包地收回"中，作为原承包方的农户家庭已经不复存在，自然不存在"原承包方得否再次要求承包本集体土地"的问题。其次，所谓的"要求承包本集体土地"是指原承包方基于其享有的农村集体成员权，通过"家庭承包方式"免费取得本集体土地上的土地承包经营权，而并非指通过其他有偿方式取得土地承包经营权。最后，发包方在收回承包地后对原承包方"再次要求承包本集体土地"的权利

---

〔1〕　参见（台）谢在全：《民法物权论》（下册），中国政法大学出版社 1999 年版，第 386 页。

做出限制，具有社团罚的性质，即承包方须承受一定的不利后果。但是，该项"惩罚的不利后果"应与承包方"不法行为的危害性"之间保持相称，不应无限期地剥夺原承包方承包本集体土地的权利，因此，应将该项惩罚的期限限定在被终止的土地承包经营权之剩余承包期限内，从而符合"法的比例原则"。

结　论

　　承包地收回理论的完善及制度的有效实施，不仅具有"强化集体土地所有权的内在权能、完善其救济途径，为集体土地所有权重新发挥作用、恢复其私权品格，提供重要机制。纠正刻意强调一方而虚化或悬置另一方的两极思维，构造强所有权强经营权而非强经营权弱所有权的农村土地二元权利结构，使所有权或用益物权各得其所，为形成良性的所有权与用益物权关系奠定基础"的重大理论价值，而且对于"集体及时收回进城人口的承包地并用于待地农民的基本生活保障，为其取得土地承包经营权、实现集体成员权提供机会，以缓解人地矛盾，维护社会公平；有效遏制农民闲置、破坏、擅自转为非农用途等不当使用土地的行为，从而一方面维持集体农地的总量及价值，确保其农村社保功能的正常发挥，另一方面促进国家土地规划的顺利实施，保障国家的粮食安全；恢复村社集体的正常运转，发挥其在农村社会生活中的应有功能"具有不可估量的重要现实意义。

　　本书遵循由规范解读到理论探索再到制度建构的逻辑进路。运用法律思维，将"承包地收回"这一生活事实演绎为由意义明确的法律概念构成的法律结构——土地承包经营权因终止权的行使而消灭，从而将承包地收回这一生活问题成功转化为法律问题，通过法律的逻辑加以处理，揭示该生活事实的全部法律意义，描绘其在法律世界中的图景。

对承包地收回制度的运行机制与实践逻辑进行审视，指出其在法律规范模式上存在的根源性问题。在制度的实施机制方面，主张以任意性规范和程序性规范代替强制性规范和实体性规范，成为法律制度的主体部分。使立法充分尊重农民个体的自主性，承认农民与农民集体之间多重的甚至相互冲突的利益诉求，通过为农民个体利益的实现提供工具和框架，使其不再是实现国家目标的手段，而是成为国家主导秩序的合作者。凭借私人权利的行使，而非公权力的发动，即以权利、义务、责任机制的运行推动秩序的生成，在承包地收回法律关系当事各方之间形成"横向的权利互动"，而非"纵向的隶属强制"，使承包地收回制度成为由权利义务机制驱动的装置，推动其保障农民的生存利益和合理利用土地双重制度功能的实现。

在对形成权基本理论问题及物权法基本理论问题作深入探讨并提出谨慎结论的基础上，对承包地收回的运行机制——终止权的取得、终止权的行使及终止权的实现分别提出详尽的制度设计方案：遵循法的利益平衡原则和比例原则，在承包地收回的制度设计中为发包方终止权的取得及行使设置明确的条件和程序、赋予承包方以异议权，从而对发包方的行为形成合理制约、督促其履行法定职责，强化对土地承包经营权人合法权益的保护，避免其遭受不必要的损失。这使重构后的承包地收回制度能够平衡土地所有权（集体土地所有权）与用益物权（农村土地承包经营权）的关系，结合中国社会的实际情况，使所有权或用益物权各得其所，纠正刻意强调任何一方而虚化或悬置另一方的两极思维，建立良性的所有权与用益物权关系。借助以权利逻辑重构的承包地收回制度厘清土地行政管理权、集体土地所有权、土地承包经营权三者之间的权利

（力）界限，最大限度克服立法模糊制的可能弊端，最终使国家（土地行政管理的主体）、村社集体（集体土地所有权人）及农户（土地承包经营权人）在三方博弈当中，均获得名实相符的法律地位。

参考文献

一、著作类

1. 崔建远:《物权:生长与成型》,中国人民大学出版社 2004 年版。

2. 江平、米健:《罗马法基础》,中国政法大学出版社 2004 年版。

3. 梁慧星:《民法解释学》,中国政法大学出版社 1995 年版。

4. 梁慧星、陈华彬:《物权法》(第 4 版),法律出版社 2007 年版。

5. 梁慧星:《民法总论》(第 3 版),法律出版社 2007 年版。

6. 谢怀栻:《民法总则讲要》,北京大学出版社 2007 年版。

7. 佟柔:《民法原理》,法律出版社 1983 年版。

8. 龙卫球:《民法总论》,中国法制出版社 2002 年版。

9. 韩世远:《合同法总论》,法律出版社 2004 年版。

10. 蔡立东:《公司自治论》,北京大学出版社 2006 年版。

11. 孙学致:《唯契约自由论——契约法的精神逻辑导论》,吉林人民出版社 2006 年版。

12. 房绍坤:《用益物权基本问题研究》,北京大学出版社 2006 年版。

13. 房绍坤:《物权法·用益物权编》,中国人民大学出版社 2007 年版。

14. 彭诚信:《主体性与私权制度研究——以财产、契约的历史考察为基础》,中国人民大学出版社 2005 年版。

15. 梅仲协:《民法要义》,中国政法大学出版社 1998 年版。

16. 王利明:《民法总则研究》,中国人民大学出版社 2003 年版。

17. 王利明：《物权法论》，中国政法大学出版社 2003 年版。

18. 芮沐：《民法法律行为理论之全部》，中国政法大学出版社 2003 年版。

19. 周枏：《罗马法原论》，商务印书馆 1994 年版。

20. 张俊浩主编：《民法学原理》，中国政法大学出版社 1991 年版。

21. 崔文星：《中国农地物权制度论》，法律出版社 2009 年版。

22. 江平、刘智慧：《中国物权法释解与应用》，人民法院出版社 2007 年版。

23. 李建华、彭诚信：《民法总论》（第 2 版），吉林大学出版社 2008 年版。

24. （台）王泽鉴：《民法总则》，中国政法大学出版社 2001 年版。

25. （台）王泽鉴：《法律思维与民法实例》，中国政法大学出版社 2001 年版。

26. （台）王泽鉴：《民法物权 1 通则·所有权》，中国政法大学出版社 2001 年版。

27. （台）王泽鉴：《民法物权 2 用益物权·占有》，中国政法大学出版社 2001 年版。

28. （台）王泽鉴：《民法学说与判例研究》（第 1 册），中国政法大学出版社 2005 年版。

29. （台）苏永钦：《走入新世纪的私法自治》，中国政法大学出版社 2002 年版。

30. 孙宪忠：《中国物权法总论》，法律出版社 2009 年版。

31. 孙宪忠：《争议与思考——物权立法笔记》，中国人民大学出版社 2006 年版。

32. 申卫星、傅穹、李建华：《物权法》，吉林大学出版社 1999 年版。

33. 徐国栋：《民法基本原则解释——以诚实信用原则的法理分析为中心》，中国政法大学出版社 2004 年版。

34. （台）黄茂荣：《法学方法与现代民法》，中国政法大学出版社

2001 年版。

35. （台）史尚宽：《民法总论》，中国政法大学出版社 2000 年版。

36. （台）史尚宽：《物权法论》，中国政法大学出版社 2000 年版。

37. （台）胡长清：《中国民法总论》，中国政法大学出版社 2003 年版。

38. （台）郑玉波：《民法物权》，台湾三民书局 1995 年版。

39. （台）谢在全：《民法物权论》（上册），中国政法大学出版社 1999 年版。

40. （台）刘得宽：《民法诸问题与新展望》，中国政法大学出版社 2002 年版。

41. （台）李宜琛：《民法总则》，中国方正出版社 2004 年版。

42. （台）苏永钦：《寻找新民法》，北京大学出版社 2012 年版。

43. 韩忠谟：《法学绪论》，中国政法大学出版社 2002 年版。

44. 费孝通：《乡土中国》，北京大学出版社 1998 年版。

45. 贺雪峰：《地权的逻辑——中国农村土地制度向何处去》，中国政法大学出版社 2010 年版。

46. 贺雪峰：《什么农村，什么问题》，法律出版社 2008 年版。

47. 贺雪峰：《村治的逻辑——农民行动单位的视角》，中国社会科学出版社 2009 年版。

48. 徐勇：《乡村治理与中国政治》，中国社会科学出版社 2003 年版。

49. 温铁军：《中国农村基本经济制度研究》，中国经济出版社 2000 年版。

50. 张曙光：《博弈：地权的细分、实施和保护》，社会科学文献出版社 2011 年版。

51. 王道勇：《国家与农民关系的现代性变迁——以失地农民为例》，中国人民大学出版社 2008 年版。

52. 陆学艺：《三农论——当代中国农业、农村、农民研究》，社会科学文献出版社 2002 年版。

53. 张广荣：《我国农村集体土地民事立法研究论纲——从保护农民个

体土地权利的视角》，中国法制出版社 2007 年版。

54. 叶国文：《土地政策的政治逻辑——农民、政权与中国现代化》，天津人民出版社 2008 年版。

55. 姚洋：《土地、制度和农业发展》，北京大学出版社 2004 年版。

56. 王克强：《中国农村集体土地资产化运作与社会保障机制建设研究》，上海财经大学出版社 2005 年版。

57. 尹飞：《物权法·用益物权》，中国法制出版社 2005 年版。

58. 江平：《中国土地立法研究》，中国政法大学出版社 1999 年版。

59. 刘俊：《中国土地法理论研究》，法律出版社 2006 年版。

60. 张广荣：《我国农村集体土地民事立法研究论纲——从保护农民个体土地权利的视角》，中国法制出版社 2007 年版。

61. 陈小君等：《农村土地法律制度研究——田野调查解读》，中国政法大学出版社 2004 年版。

62. 王卫国：《中国土地权利研究》，中国政法大学出版社 1997 年版。

63. 刘金海：《产权与政治——国家、集体与农民关系视角下的村庄经验》，中国社会科学出版社 2006 年版。

64. 丁关良：《农村土地承包经营权初论——中国农村土地承包经营立法研究》，中国农业出版社 2002 年版。

65. 周应江：《家庭承包经营权：现状、困境与出路》，法律出版社 2010 年版。

66. 屈茂辉：《用益物权制度研究》，中国方正出版社 2005 年版。

67. 苏力：《制度是如何形成的》，中山大学出版社 1999 年版。

68. 马长山：《国家、市民社会与法治》，商务印书馆 2002 年版。

69. 文正邦、陆伟明：《非政府组织视角下的社会中介组织法律问题研究》，法律出版社 2008 年版。

70. （台）黄光国：《社会科学的理路》，中国人民大学出版社 2006 年版。

71. 张文显：《二十世纪西方方法哲学思潮研究》，法律出版社 2006 年版。

72. 胡康生主编:《中华人民共和国农村土地承包法释义》,法律出版社 2002 年版。

73. 卞耀武、李元主编:《中华人民共和国土地管理法释义》,法律出版社 1998 年版。

74. 李飞主编:《中华人民共和国村民委员会组织法释义》,法律出版社 2010 年版。

75. 全国人大常委会法制工作委员会民法室:《中华人民共和国物权法:条文说明、立法理由及相关规定》,北京大学出版社 2007 年版。

76. [德] 古斯塔夫·拉德布鲁赫:《法学导论》,米健、朱林译,中国大百科全书出版社 1997 年版。

77. [德] 柯武刚、史漫飞:《制度经济学:社会秩序与公共政策》,韩朝华译,商务印书馆 2000 年版。

78. [德] 卡尔·拉伦茨:《法学方法论》,陈爱娥译,商务印书馆 2003 年版。

79. [德] 卡尔·拉伦茨:《德国民法通论》,王晓晔等译,法律出版社 2003 年版。

80. [德] 迪特尔·施瓦布:《民法导论》,郑冲译,法律出版社 2006 年版。

81. [德] 迪特尔·梅迪库斯:《德国民法总论》,邵建东译,法律出版社 2004 年版。

82. [德] M. 沃尔夫:《物权法》,吴越、李大雪译,法律出版社 2004 年版。

83. [德] 汉斯·J. 沃尔夫、奥托·巴霍夫、罗尔夫·施托贝尔:《行政法》(第 2 卷),高家伟译,商务印书馆 2002 年版。

84. [德] 平特纳:《德国普通行政法》,朱林译,中国政法大学出版社 1999 年版。

85. [法] 弗朗索瓦·泰雷、菲利普·森勒尔:《法国财产法》(下),罗结珍译,中国法制出版社 2008 年版。

86. ［法］孟德斯鸠：《论法的精神》（上册），商务印书馆 1961 年版。

87. ［日］大桥洋一：《行政法学的结构性变革》，吕艳滨译，中国人民大学出版社 2008 年版。

88. ［日］我妻荣：《我妻荣民法讲义 II · 新订物权法》，于敏、罗丽、申政武等译，中国法制出版社 2008 年版。

89. ［日］美浓部达吉：《公法与私法》，黄冯明译，中国政法大学出版社 2003 年版。

90. ［日］青木昌彦：《比较制度分析》（中译本），上海远东出版社 2001 年版。

91. ［日］田山辉明：《物权法》（增订本），陆庆胜译，法律出版社 2001 年版。

92. ［日］长野郎：《中国土地制度的研究》，强我译，中国政法大学出版社 2004 年版。

93. ［意］彼德罗·彭梵德：《罗马法教科书》，黄风译，中国政法大学出版社 2005 年版。

94. ［意］桑德罗·斯奇巴尼：《物与物权》，范怀俊译，中国政法大学出版社 1999 年版。

95. ［英］H. L. A. 哈特：《法律的概念》，许家馨、李冠宜译，法律出版社 2006 年版。

96. ［英］F. H. 劳森，B. 拉登：《财产法》（第 2 版），施天涛、梅慎实、孔祥俊译，中国大百科全书出版社 1998 年版。

97. ［英］亨利·萨姆奈·梅因：《古代法》，高敏、瞿慧虹译，中国社会科学出版社 2009 年版。

98. ［美］E. 博登海默：《法理学·法律哲学与法律方法》，邓正来译，中国政法大学出版社 1999 年版。

99. ［美］理查德·A. 波斯纳：《法律的经济分析》，蒋兆康译，中国大百科全书出版社 1997 年版。

100. ［美］科斯：《财产权利与制度变迁》，刘守英等译，上海三联书店 1994 年版。

100. 〔美〕詹姆斯·C. 斯科特:《农民的道义经济学》,程立显、刘建 等译,译林出版社 2001 年版。

101. 〔美〕本杰明·卡多佐:《司法过程的性质》,苏力译,商务印书 馆 1998 年版。

102. 〔美〕曼瑟尔·奥尔森:《集体行动的逻辑》,陈郁译,上海人民 出版社 1995 年版。

103. Carl K. Eicher & John M. Staat, *Agricultural Development in the Third World*, The Johns Hopkins University Press, 1990.

104. Louis Putterman, *The Role of Ownership and Property Rights in China's Economic Transition*, The China's Quarterly, 2005.

105. Hans Kelsen, *The Pure Theory of Law*, The Law Book Exchange L. T. D. ,2005.

106. Ostrom E, *Governing the Commons*: *The Evolution of Institutions for Collective Action*, Cambridge University Press, 1990.

二、论文类

1. 蔡立东:"宅基地使用权取得的法律结构",载《吉林大学社会科学 学报》2007 年第 3 期。

2. 蔡立东、侯德斌:"论农村集体土地所有权的缺省主体",载《当代 法学》2009 年第 6 期。

3. 孙宪忠:"德国民法中的形成权",载《环球法律评论》2006 年第 4 期。

4. 马新彦、李国强:"土地承包经营权流转的物权法思考",载《法商 研究》2005 年第 5 期。

5. 房绍坤、丁海湖、张洪伟:"用益物权三论",载《中国法学》1996 年第 2 期。

6. 张静:"土地使用规则的不确定——一个解释框架",载《中国社会科学》2003 年第 1 期。

7. 曲宇辉："国有土地使用权收回的法律问题"，载《理论探索》2005 年第 7 期。

8. 李永军、肖思婷："我国《物权法》登记对抗与登记生效模式并存思考"，载《北方法学》2010 年第 3 期。

9. 陈学文、高圣平："土地承包经营权流转视野下的土地承包经营权登记制度：困境与出路"，载《学术探索》2010 年第 3 期。

10. 汪渊智："形成权理论初探"，载《中国法学》2003 年第 3 期。

11. 张志坡："论形成权的性质"，载《山西省政法管理干部学院学报》2010 年第 6 期。

12. 孙宪忠："确定我国物权种类以及内容的难点"，载《法学研究》2001 年第 1 期。

13. 孙宪忠："物权法基本范畴及主要制度的反思（上）"，载《中国法学》1999 年第 5 期。

14. 郭明瑞："关于我国物权立法的三点思考"，载《中国法学》1998 年第 2 期。

15. "农村土地问题立法研究"课题组："农村土地法律制度运行的现实考察——对我国 10 个省调查的总报告"，载《法商研究》2010 年第 1 期。

16. 吴兴国："集体组织成员资格及成员权研究"，载《法学杂志》2006 年第 2 期。

17. 赵晓力："通过合同的治理——80 年代以来中国基层法院对农村承包合同的处理"，载《中国社会科学》2000 年第 2 期。

18. 张路雄："我国耕地制度存在的问题及政策选择"，载《红旗文稿》2009 年第 6 期。

19. 李昌平："从后税费时代看村民委员会的走向"，载《中国乡村发现》2006 年第 1 期。

20. 吴国兴："集体组织成员资格及成员权研究"，载《法学杂志》

2006 年第 2 期。

21. 王轶、关淑芳："物权变动制度三论"，载《法律适用》2008 年第 Z1 期。

22. 韩松："农地社保功能与农村社保制度的配套建设"，载《法学》2010 年第 6 期。

23. 韩松："农民集体所有权是新农村建设法律保障的制度基础"，载《西北农林科技大学学报》（社会科学版）2007 年第 4 期。

24. 丘国中："论土地承包经营权中登记的法律效力"，载《哈尔滨学院学报》2008 年第 1 期。

25. 韩松："论成员集体与集体成员——集体所有权的主体"，载《法学》2005 年第 8 期。

26. 党国英："关于深化农村土地制度改革的思考"，载《国土资源》2003 年第 6 期。

27. 赵小军："对土地私有化之批判——兼论农村土地的社会保障功能"，载《河北法学》2007 年第 1 期。

28. 李昌平："关于当前'三农'政策的一些思考"，载《湖湘三农论坛》，2008 年。

29. 温铁军："农民社会保障与土地制度改革"，载《学习月刊》2006 年第 19 期。

30. 孟勤国："物权法如何保护集体财产"，载《法学》2006 年第 1 期。

31. 李昌平："慎言农村土地私有化"，载《中国土地》2004 年第 9 期。

32. 易军："个人主义方法论与私法"，载《法学研究》2006 年第 1 期。

33. 王利明："中国民法典制定的回顾与展望"，载《法学论坛》2008 年第 5 期。

34. 赵存寿、闫瑞："论村民委员会的法律地位"，载《广西政法管理干部学院学报》1999 年第 4 期。

35. 赵常华："论农村土地的社会保障功能"，载《中国房地产》2004 年第 8 期。

36. 沈岿："重构行政主体范式的尝试"，载《法律科学》2000 年第 6 期。

37. 谭庆康、潘智慧："论我国村的民事法律地位——对我国农村产权制度的构想"，载《法学》2003 年第 3 期。

38. 刘建章、岳学敏："村民资格界定及相关问题思考"，载《人大建设》2006 年第 8 期。

39. 郭凯："新农地矛盾调查：30 年承包无限顺延下的农地矛盾"，载《南风窗》2007 年第 11 期。

40. 胡吕银："在超越的基础上实现回归——实现集体土地所有权的理论、思路和方式研究"，载《法商研究》2006 年第 6 期。

41. 胡吕银："集合所有：一种新的共有形式——以集体土地所有权为研究对象"，载《扬州大学学报》（人文社会科学版）2006 年第 1 期。

42. 贺雪峰："农业的前途与农村的发展"，载《读书》2008 年第 10 期。

43. 罗猛："论村民委员会的性质和职能"，载《法学论坛》2005 年第 6 期。

44. 陈小君："农地法律制度在后农业税时代的挑战与回应"，载《月旦民商法杂志》2007 年第 3 期。

45. 陈小君等："后农业税时代农地权利体系与运行机理研究论纲——以对我国十省农地问题立法调查为基础"，载《法律科学》2010 年第 1 期。

46. 刘燕舞："反思湄潭土地实验经验——基于贵州鸣村的个案研究"，载《学习与实践》2009 年第 6 期。

47. 叶华："农地承包权具有所有权性质"，载《中国农村观察》1998 年第 6 期。

48. 袁曙宏、苏西刚："论社团罚"，载《法学研究》2003 年第 5 期。

49. 韩松："论集体所有权的性质"，载《河北法学》2001 年第 1 期。

50. 马俊驹、杨春禧："论集体土地所有权制度改革的目标"，载《吉林大学社会科学学报》2007 年第 3 期。

51. 王轶、董文军："论国家利益——兼论我国民法典中民事权利的边界"，载《吉林大学社会科学学报》2008 年第 3 期。

52. 申卫星："对民事法律关系内容构成的反思"，载《比较法研究》2004 年第 1 期。

53. 翟寅生、姜志强："形成权基本问题之再反思"，载《广西政法管理干部学报》2010 年第 5 期。

54. 邵彦敏："'主体'的虚拟与'权利'的缺失——中国农村集体土地所有权研究"，载《吉林大学社会科学学报》2007 年第 4 期。

55. 侯德斌："农民集体成员权利研究"，吉林大学 2011 年博士学位论文。

56. 高飞："集体土地所有权主体制度研究"，中南财经政法大学 2008 年博士学位论文。

57. 单平基："水权取得及转让制度研究"，吉林大学 2011 年博士学位论文。

58. 江海波："中国农村土地所有权制度研究"，清华大学 2005 年博士学位论文。

59. ［日］本田纯一："形成权概念的意义及功能"，王敬毅、杨丽君译，载《外国法译评》1996 年第 2 期。

60. Oliver Wendell Holmes, "The Path of the Law", *Harvard Law Review*, 7（1897）.

61. Coase. R. H, "The Problem of Social Cost", 5 *Journal of Law and Economies*, 5（1960）.

62. Huang ji kun, "Agricultural Policy and Food Security", *Working Paper Chinese Agricultural Policy*, *Chinese Academy of Sciences*, 6（2001）.

63. Hardin, "The Tragedy of the Commons", *Science New Series*, 6（1968）.

后 记

　　在将博士学位论文作适当修正委托中国政法大学出版社予以刊行之际，我驻笔凝思，回首在吉林大学求学期间的历历往事，感触良多，这既非言语所能表达，亦非书写能将之详尽。经过七年法学教育的洗礼，我不仅收获了理性、知识和信念，更由衷地感激生活的赐予！

　　首先，衷心地感谢我的授业恩师蔡立东教授。本书正是在蔡教授的严厉鞭策和悉心指导下完成的。从选题到结构安排，再到内容充实及后期修改，都倾注了老师太多的心血！读老师的博士并非是一件轻松的事，但在这一充满艰辛又富有挑战的过程中，我的专业知识得到了快速而扎实的积累，理论素养和学术研究能力有了跨越式的提升。总之，得遇严师，乃我人生一大幸事！三年中，老师深邃的学术思想、严谨的治学作风、严厉而不失关怀的指导方式无时不刻不在启迪我的心灵、拓宽我的视野、磨炼我的意志、锻造我的修为。这其中的恩情，区区"感谢"二字岂可言表！在今后的岁月里，学生只有更加奋进，才不枉费老师对我的良苦用心和殷切期望！

　　同时，我要特别感谢我的硕士导师孙学致教授！是您引领我走

论我国农村承包地收回制度的权利逻辑

入神圣的法学殿堂，让我领略知识的无穷魅力，激发我对学术研究的浓厚兴趣和无尽向往！您博大的胸襟、深厚的知识底蕴、富有魅力的品格修养为我树立了人生楷模。您对学生毫无保留的帮助和自始至终的肯定，给我温暖，催我奋进。每当我想起您为我做的一切，感激之情由心而发。师恩凝聚，学生永生难忘！

在吉林大学求学期间，我还得到了法学院各位老师们的悉心指导和帮助，在此深表谢意！冯彦君教授、王彦明教授、傅穹教授在我论文结构的拟定、写作方法的选取、参考资料的搜集以及写作技巧的把握等方面，均付出了艰辛的劳动并提出了极具建设性的意见。聆听张文显教授、石少侠教授、邓正来教授、马新彦教授、姚建宗教授、彭诚信教授、于莹教授、李建华教授、杜宴林教授、曹险峰副教授、孙良国副教授的传道、授业、解惑，使我获益良多！各位老师的渊博学识和谆谆教诲将成为我人生中永久的激励和宝贵的财富！

在这里，我还要特别感谢读博期间可爱的同学们，与他们的交谈曾多次拓宽我的视野、启发我的创作灵感！在三年的朝夕相处中，吴浩博士、冯学伟博士、姜文秀博士、樊安博士、单平基博士、李镇博士、张海胶博士为我平淡的读博生活增添了许多光彩，让我感受到了深厚的同窗情谊！我还要感谢经济法专业的同学们：庞铁力博士、叶向荣博士、孙青山博士、王笑严博士、张颖慧博士、张凌竹博士、聂婴智博士、杜宁宁博士、王志鹏博士、郑升旭博士、高岩博士、张乐新博士都曾为我的论文提出过宝贵意见并提供资料支持，与他们相处的点点滴滴让我终身难忘！坚信我们能一如既往地精诚团结，共同奋斗，愿友谊地久天长！总而言之，我要感谢所有在我求学期间给予过我关心和帮助的人们。

承蒙中国政法大学出版社彭江主任的热心帮助，鼎力促成本书的出版，在此致以诚挚的谢意。

最后，我要感谢我的家人们，是你们无私的关爱和默默的付出给了我前进的无限动力，是你们的信任和鼓励让我有勇气面对前路上的一切艰难险阻！也正是你们，让我的生命有了意义。

王宇飞

2014 年 1 月 9 日

于中国政法大学

图书在版编目（ＣＩＰ）数据

论我国农村承包地收回制度的权利逻辑/王宇飞著. —北京：中国政法大学出版社, 2014.4

ISBN 978-7-5620-5334-7

Ⅰ.①论…　Ⅱ.①王…　Ⅲ.①农村土地承包法－研究－中国　Ⅳ.①D922.324

中国版本图书馆CIP数据核字(2014)第055813号

出 版 者　中国政法大学出版社

地　　址　北京市海淀区西土城路25号

邮寄地址　北京100088信箱8034分箱　邮编100088

网　　址　http://www.cuplpress.com（网络实名：中国政法大学出版社）

电　　话　010-58908289(编辑部)　58908334(邮购部)

承　　印　固安华明印业有限公司

开　　本　880mm×1230mm　1/32

印　　张　6

字　　数　150千字

版　　次　2014年4月第1版

印　　次　2014年4月第1次印刷

定　　价　19.00元